BOLS VITAMINÉS

BOLS VITAMINÉS

faciles, complets, équilibrés
tout un repas dans un simple bol

EDITIONS PRISMA

Je dédie ce livre à ma mère, ma femme et mon fils.

Édition originale
Sous le titre *BreakfastLove*

Quadrille est une marque de Hardie Grant
Pentagon House
52–54 Southwark Street
Londres SE1 1UN

Directrice éditoriale : Sarah Lavelle
Directrice artistique : Helen Lewis
Design et photographies : David Bez
Fabrication : Tom Moore, Vincent Smith

Édition française

Directeur : Pierre-Olivier Bonfillon
Directrice éditoriale : Françoise Kerlo
Responsable d'édition : Valérie Langrognet
Chargée d'édition : Emmanuelle de Villedary

Adaptation : InTexte, Toulouse
Traduction de l'anglais : Chantal Mitjaville

ISBN : 978-2-8104-2104-6

Dépôt légal : avril 2017
Imprimé en Chine

Sommaire

Introduction

Mieux manger à chaque repas de la journée 6
Composition des bols 10
1. Fruits 12
2. Légumes 14
3. Céréales 16
4. Protéines 20
5. Toppings 22
6. « Assaisonnements » 24
Choisir le meilleur 30

Bols sucrés 32
Bols salés 130

Index 188
Remerciements 192

Mieux manger à chaque repas de la journée

J'ai conçu ces bols repas pour les consommer au petit déjeuner, en ce qui me concerne, mais vous pouvez bien sûr les préparer à d'autres moments de la journée, qu'il s'agisse du déjeuner, d'un dîner sur le pouce ou même d'une pause goûter. Faites selon vos envies : mon seul souhait est que ce livre devienne le vôtre !

Le petit déjeuner est si inscrit dans notre vie quotidienne que nous le prenons la plupart du temps sans même y penser ! Pour ma part, il s'est résumé à du lait accompagné de cookies jusqu'à l'âge de 15 ans, puis à un cappuccino avec des croissants, il y a encore quelques années.

Après m'être interrogé, il y a quelques années, sur la meilleure façon de déjeuner sur son lieu de travail, et en travaillant à la rédaction de mon premier livre de salades repas, *Salade Love*, j'en ai conclu qu'il serait intéressant d'appliquer les mêmes principes et la même approche pour le repas que l'on considère souvent comme le plus important de la journée. En effet, le petit déjeuner permet d'être dans les meilleures conditions possibles pour relever les défis du quotidien. J'ai sollicité les conseils de nombreux nutritionnistes et consulté différents ouvrages et articles consacrés à ce sujet pour déterminer ce qui constituait le meilleur et le plus sain des petits déjeuners. Décidé à poursuivre cette recherche, je me suis plongé dans cette aventure, mettant mon corps et mes papilles à l'épreuve tous les jours, pendant plus de deux ans.

Durant cette période, j'ai appris combien il était important que les aliments que nous consommons soient appétissants et colorés afin de séduire l'œil autant que l'esprit. C'est la règle n° 1. La règle n° 2 exige de recourir à des ingrédients non raffinés ou, au moins, aussi proches que possible de leur état naturel. C'est la raison pour laquelle je n'apprécie pas les granolas industriels, les yaourts aromatisés et les céréales trop transformées. J'utilise parfois des céréales, y compris des corn flakes, mais toujours sans gluten et sans sucres ajoutés, en privilégiant les produits à haute teneur en fibres.

J'ai toujours été peu enclin à consommer des fruits ; je ne saurais dire pourquoi ! Peut-être par paresse, car il faut les laver et les peler… J'avais donc tendance à choisir la facilité et à me tourner vers des aliments prêts à consommer, riches en glucides et en sucres. Au cours de cette rééducation alimentaire, je me suis obligé à redécouvrir les fruits un par un, et j'y ai pris beaucoup de plaisir. Aujourd'hui, je les adore et je me demande encore comment j'ai pu les ignorer si longtemps !

Je me suis alors donné pour objectif de goûter à tout ce qui était réputé bon pour la santé, de suivre les conseils les plus récents (qui évoluent au fil des ans) des nutritionnistes et j'ai essayé de mettre au point ce qui me semblait être le plus rigoureux possible, et pas seulement dans l'air du temps, et pouvait faire l'unanimité.

J'ai également décidé d'explorer les petits déjeuners des différentes cultures du monde pour les adapter à mes goûts et à mes propres habitudes alimentaires. Je me suis aventuré à inclure des légumes et des ingrédients salés dans mes recettes. Pour moi qui suis d'origine italienne, le petit déjeuner était avant tout synonyme de sucre. À ma grande surprise, j'ai découvert que la consommation de produits salés, souvent frits, au petit déjeuner, était une tradition non seulement en Grande-Bretagne, mais aussi en Asie, en Amérique du Sud, en Afrique, en Allemagne et dans bien d'autres pays d'Europe.

De mon point de vue, l'autre règle de base est la rapidité d'exécution. Je n'ai pas choisi de proposer des brunches paresseux et copieux du dimanche, mais des petits déjeuners quotidiens, faciles et rapides à préparer chez soi.

Dans les recettes de ce livre, vous trouverez quelques ingrédients à préparer à l'avance, comme des fruits à coque, des graines ou des flocons d'avoine trempés, du riz cuit et de rares mélanges d'ingrédients, mais réaliser les choses soi-même rend l'aventure beaucoup plus intéressante ! Souvent, il suffit d'un peu de préparation la veille et, le lendemain, vous n'aurez plus qu'à remplir votre bol. Vous éviterez ainsi les produits industriels qui sont le plus souvent trop transformés et trop riches en sucre.

Enfin, et c'était le plus important, je me suis sans cesse posé les mêmes questions à propos de mes recettes. Est-ce bon ? Est-ce bon pour la santé ? Cela fait-il du bien ? Est-ce facile à réaliser ? Est-ce nourrissant ? Est-ce léger ? Est-ce lourd ou cela me donne-t-il la bonne énergie pour la journée ? Est-ce appétissant ?

J'espère avoir répondu le mieux possible à ces questions et que, comme moi, vous apprécierez de découvrir cette nouvelle façon de rythmer vos journées.

1. Fruit ou légume

2. Fruit ou légume

3. Céréales

4. Protéines

5. Toppings

6. « Assaisonnement »

Composition des bols

Pour composer mes bols, j'assemble différentes sortes de produits : des fruits et/ou des légumes, des céréales, des protéines et un ou plusieurs toppings, auxquels j'ajoute un élément crémeux ou liquide que je nomme l'« assaisonnement ». Ces ingrédients principaux constituent la formule de base, que j'améliore souvent, comme vous pourrez le constater. Ensuite, libre à vous de choisir vos ingrédients préférés !

Fruits et légumes

Les fruits et les légumes constituent toujours une part essentielle de mes bols. Ils contiennent au moins deux fruits ou deux portions de légumes, accompagnés d'un peu de protéines et d'une touche de céréales.

Céréales

Si je consomme encore des céréales comme de l'avoine, des corn flakes et du quinoa, c'est en quantité beaucoup moins importante qu'autrefois. J'utilise environ 50 g de céréales, de préférence sans gluten et sans sucres ajoutés, ou 30 g de corn flakes.

Protéines

Si vous souhaitez ajouter quelques protéines dans votre bol, vous pouvez choisir du jambon blanc, du bœuf, du poulet, des œufs, du poisson, du yaourt, du fromage, du tofu, des lentilles, du quinoa, des fruits à coque ou des graines, selon vos besoins alimentaires et vos goûts.

Toppings

Les toppings dynamisent les saveurs et les couleurs d'un bol. Vous pouvez tester les herbes aromatiques fraîches, les fleurs comestibles, le pollen ou les fruits secs, mais jamais plus d'une cuillerée à café de chacun de ces ingrédients.

« Assaisonnement »

Pour parfaire le tout, misez sur l'assaisonnement, à savoir la partie crémeuse ou liquide de votre bol. Des jus de fruits aux produits laitiers en passant par les laits végétaux, le choix est vaste.

Un bol repas doit offrir un subtil équilibre et conjuguer harmonieusement la douceur ou l'acidité des ingrédients, la taille des morceaux, la fraîcheur des fruits et des légumes, le croquant des céréales et des fruits à coque, le crémeux et la générosité de l'assaisonnement.

1. Fruits

Les fruits et les légumes devront constituer un peu plus de la moitié de votre bol, non seulement parce qu'il est conseillé d'en consommer au moins cinq portions par jour pour bénéficier d'un bon apport en vitamines, en minéraux et en fibres, mais aussi parce qu'ils sont délicieux, nourrissants et joliment colorés.

Personnellement, je préfère les dés de fruits assez gros, car ils permettent de mieux discerner la saveur de chaque ingrédient. Pour les mêmes raisons, je préfère les fruits crus, aux saveurs plus intenses et aux valeurs nutritionnelles plus élevées. Cependant, cela ne m'empêche pas d'ajouter parfois des fruits secs, comme vous le verrez à la page 23.

La première partie de ce livre est consacrée aux préparations sucrées. Les fruits y sont à l'honneur, même si les préparations salées des pages suivantes en contiennent aussi parfois. Chaque variété de fruit est utilisée dans au moins quatre recettes : abricot, ananas, avocat, banane, cerise, clémentine, figue, fraise, framboise, fruit de la passion, grenade, kaki, kiwi, litchi, mangue, melon, mûres, myrtilles, nectarine, noix de coco, orange, pamplemousse, papaye, pastèque, physalis, poire, pomme, prune et raisin.

J'ai exploré les saveurs de chacun de ces fruits, jour après jour durant une semaine, afin d'être sûr d'obtenir les associations idéales. Finalement, je me suis réconcilié avec les fruits. Sucrés, juteux, savoureux… et si bons pour ma santé !

2. Légumes

Les légumes s'intégreront naturellement à vos bols vitaminés du midi ou du soir. Mais pourquoi ne pas les essayer aussi au petit déjeuner ? C'est en effet ce qui se pratique dans de nombreux pays. Ainsi, les Turcs apprécient les olives, les tomates et le concombre au petit déjeuner. Les Mexicains, quant à eux, préfèrent l'avocat, les tomates et les poivrons pour accompagner leurs œufs. Alors, il m'a semblé possible d'intégrer du concombre, des poivrons crus ou grillés, des carottes, des courgettes crues ou grillées, des haricots verts vapeur, de la courge butternut grillée et de l'aubergine dans le bol de mon petit déjeuner !

Bien sûr, certains de ces légumes doivent être cuits la veille, mais il vous suffit d'en faire revenir une plus grande quantité pour votre dîner ou de prévoir un supplément de haricots vapeur en préparant votre déjeuner du lendemain. Moi, je fais toujours sauter toutes sortes de légumes que je conserve quelques jours au réfrigérateur, dans un récipient hermétique. Ils sont ainsi prêts à intégrer mon petit déjeuner ou mon déjeuner du lendemain.

3. Céréales

Plus jeune, je consommais du blé le matin sous une forme ou sous une autre, avec du lait bien entendu, mais aussi des croissants, des cookies et différentes sortes de pain, grillé de préférence. Et pendant les vacances, je m'octroyais du beurre et de la confiture sur des toasts.

Depuis, j'ai appris à limiter ma consommation de glucides et de sucre, afin de contrôler ma glycémie. J'ai essayé de réduire mon apport en glucides en ingérant juste la quantité nécessaire pour me maintenir en forme. J'ai aussi adapté la variété et la qualité des glucides que je consomme, de façon à en retirer le meilleur. C'est pourquoi je n'utilise plus de farine blanche ou de sucre raffiné, mais plutôt du maïs, du riz, du sarrasin, de l'amarante, du quinoa, de l'avoine, de l'orge ou des céréales complètes. Je vérifie toujours la teneur en sucre de mes céréales pour petit déjeuner prêtes à l'emploi et, en cherchant bien, vous pourrez trouver des corn flakes ou des flocons d'avoine sans sucre ajouté et même de nouveaux produits comme le granola nature ou le muesli sans sucre raffiné.

Le petit déjeuner britannique comporte le plus souvent un bol de porridge, accompagné de bacon frit, de haricots blancs et de toasts. Je n'ai jamais été un grand adepte du porridge, mais j'ai appris à le préparer pour l'aimer et à l'utiliser. C'est facile : il faut 1 part de flocons d'avoine pour 2 parts de liquide comme du lait, du lait d'amande ou de l'eau. Placez le tout dans une casserole à feu doux et faites chauffer pendant 8 minutes, en remuant régulièrement, jusqu'à ce que la préparation épaississe. (Le porridge préparé à partir d'amarante ou de sarrasin doit cuire pendant 15 minutes ; il faut 20 minutes pour le quinoa et 30 minutes pour le riz.) Parfois, j'ajoute une pointe d'épice pour relever la préparation. En règle générale, je n'utilise jamais plus de 50 g de porridge, car je préfère que les fruits restent les premiers ingrédients de mon petit déjeuner.

Flocons d'avoine trempés

Faire tremper les flocons d'avoine toute une nuit les rend beaucoup plus digestes et nutritifs : cela favorise l'élimination des toxines tout en conservant la qualité crue de l'avoine. Ce que j'apprécie le plus quand je prends un bol de flocons d'avoine trempés au petit déjeuner, c'est qu'il est assez consistant pour me permettre d'attendre le déjeuner. Cette préparation ne demande aucun effort, sinon celui de ne pas oublier de mettre les flocons d'avoine à tremper la veille, avant d'aller se coucher. Personnellement, je préfère les faire tremper dans du lait d'amande, mais vous pouvez opter pour du yaourt, du jus d'orange ou du jus de pomme. La règle est simple : 1 part de flocons d'avoine pour 1 part de liquide. J'ajoute parfois un ingrédient supplémentaire pour une touche d'exotisme : juste 1 cuillerée à café de cacao, de cannelle en poudre, de maca, d'açaï, de lucuma ou de curcuma.

Granola

Le granola est un mélange de céréales, de fruits secs, de fruits à coque et de graines, cuits au four avec un édulcorant et un peu d'huile. Chacun peut adapter sa recette selon les ingrédients dont il dispose.

La plupart des granolas du commerce contiennent de l'huile (de tournesol ou de palme) et du sucre (sucre blanc ou sirop de sucre) de médiocre qualité ou raffinés. Pour consommer un granola de qualité, il est préférable de le préparer soi-même dans sa cuisine, de façon à contrôler la teneur en sucre et la saveur.

Je n'aime pas beaucoup les granolas qui contiennent toutes sortes de céréales, fruits secs, fruits à coque et graines. Je préfère voir ce que je mange et identifier les différentes saveurs. Pour moi, le mélange idéal est celui qui ne contient qu'une seule variété de céréales, de fruits secs, de fruits à coque et de graines, mais rien ne vous oblige à être aussi restrictif.

Dans la mesure du possible, je préfère les édulcorants naturels. Le miel est délicieux, mais la cuisson au four lui fait malheureusement perdre toutes ses propriétés antibactériennes.

J'utilise aussi du sarrasin ou du quinoa (tous deux considérés comme des « pseudo-céréales »). Je les fais tremper toute une nuit dans de l'eau, avant de les passer au four. J'utilise du jus d'ananas ou de pomme (parfois, de carotte ou de betterave) en guise d'édulcorant, et de l'huile de noix de coco. Voici ma recette : préchauffez le four à 160 °C, mélangez 30 g de flocons d'avoine, 12 cl de jus de fruit, 1 cuillerée à soupe de fruits à coque ou de graines (noix, noisettes, noix de cajou, graines de tournesol ou de courge), 1 cuillerée à soupe de fruits secs (copeaux de noix de coco, abricots, dattes, raisins secs, mangue, ananas, baies de goji), 1 cuillerée à soupe d'huile de noix de coco et 1 cuillerée à café d'épice (*voir* page précédente), puis étalez les ingrédients sur une plaque à pâtisserie antiadhésive et faites dorer au four pendant 30 minutes en remuant de temps en temps.

4. Protéines

Une part de votre repas, quel qu'il soit, doit être constituée de protéines. Vous savez sans doute que les protéines peuvent être puisées à différentes sources, autres que la viande ou le poisson.

Des fruits à coque aux yaourts, des œufs au fromage… vous n'aurez que l'embarras du choix pour satisfaire vos besoins en protéines, vous nourrir et vous fournir l'énergie nécessaire. Bien entendu, les fruits à coque et les graines s'associent naturellement avec les fruits, mais j'ai également cherché à les associer au fromage et aux charcuteries, comme le jambon blanc. (J'ajoute parfois du fromage dans les salades végétariennes pour satisfaire les végétariens ayant choisi de consommer du fromage, mais aussi parce qu'il existe de plus en plus de fromages sans présure, mais vous pouvez le remplacer par un autre ingrédient protéiné.) Le poisson et la viande sont utilisés essentiellement dans les bols salés, mais peuvent vous réserver quelques surprises. Outre le fromage, d'autres ingrédients salés sont source de protéines, comme les lentilles, les pois chiches, le houmous et les haricots secs.

Lors de mes recherches, j'ai découvert que l'un des ingrédients les plus répandus des petits déjeuners était l'œuf. Il est en effet consommé en Angleterre, en Amérique, en Espagne, au Japon, en France, au Brésil, en Égypte, au Mexique, en Allemagne, en Israël ou encore en Corée. Si vous en doutez, essayez d'ajouter dans votre bol de petit déjeuner un œuf poché, au plat, dur ou mollet, ou même en omelette.

5. Toppings

Il suffit de puiser dans le riche répertoire des herbes aromatiques et d'autres ingrédients aux douces saveurs, ajoutés à raison de 1 cuillerée à soupe, pour relever les saveurs de votre bol. J'adore tous les fruits secs : les abricots, les dattes, les raisins secs, les pruneaux, les myrtilles, la noix de coco, la mangue, l'ananas, les mûres et les baies de goji. Je classe le pollen dans cette catégorie, bien qu'il ne s'agisse pas d'un fruit sec, mais il a le pouvoir de renforcer les saveurs des bols sucrés. Je ne classe pas les fruits secs dans la catégorie des fruits frais, en raison de leur teneur en sucre et de leur goût si intense qu'une seule cuillerée à soupe suffit.

Dans les préparations salées, une poignée d'herbes aromatiques délivrera des notes parfumées. Je privilégie : le basilic, la ciboulette, la coriandre, l'aneth, la menthe, l'origan, le persil, le romarin, la sauge, l'estragon et le thym. La menthe et l'estragon font aussi merveille dans les bols sucrés !

6. « Assaisonnements »

Une touche d'assaisonnement permet de lier les ingrédients et complète la préparation. Sans lui, elle paraîtrait un peu sèche, manquerait d'unité et serait même un peu terne, pour ne pas dire immangeable. Parce que le lait ne suffit pas à lui seul à faire la différence, je me suis amusé à tester toutes sortes d'alternatives.

L'assaisonnement doit avant tout proposer un parfait équilibre entre les saveurs douces et puissantes (de l'huile ou des fruits à coque), l'acidité (citron) et les épices (gingembre, cannelle, cardamome, curcuma, maca, et même sel et piment), mais il doit aussi offrir une consistance crémeuse, pas trop liquide ni trop lisse. Pour cela, le yaourt nature est l'ingrédient idéal. Je n'utilise jamais de yaourt aromatisé, souvent trop sucré, mais j'ajoute des saveurs naturelles et j'essaie de créer mes propres recettes de yaourt. Les yaourts sans lait animal sont aujourd'hui nombreux sur le marché, des versions au lait de soja (personnellement, je ne l'apprécie pas et le soja reste encore un ingrédient controversé) jusqu'aux yaourts au lait de coco. La gamme des crèmes sans produits laitiers – crème d'avoine ou d'amande, notamment – est, aujourd'hui, très large, mais peut-être préférerez-vous une recette plus personnelle (*voir* page 29).

Si votre bol contient déjà du porridge ou des flocons d'avoine trempés, vous n'avez pas besoin d'ajouter un ingrédient liquide ou crémeux.

Dans la partie consacrée aux bols salés, je limite le plus souvent l'assaisonnement à un filet d'huile, même s'il m'arrive de faire preuve d'un peu de fantaisie en intégrant du houmous ou de la purée d'avocat (*voir* page 27).

Purée de banane au jus de citron

Voici une alternative originale au yaourt classique et une vraie bombe sur le plan nutritionnel. J'adore !

Écrasez 1 banane additionnée du jus de ½ citron. Pour dynamiser le tout, ajoutez éventuellement 1 cuillerée à café de gingembre ou de curcuma. Coup de fouet assuré ! Le jus d'orange ou de pamplemousse peut remplacer le jus de citron, mais évitez les jus trop sucrés car la banane l'est déjà suffisamment. Plus rarement, j'utilise du lait d'amande ou de coco.

Purée d'avocat

Autre alternative au yaourt, ma version du guacamole est à utiliser de préférence dans les bols salés. C'est un « assaisonnement » crémeux idéal mais, à la différence du vrai guacamole, vous n'y trouverez aucun condiment comme l'ail, l'oignon, le piment ou le sel.

Écrasez 1 avocat mûr additionné du jus de ½ citron. Le jus d'orange ou de pomme peut remplacer le jus de citron. Pour dynamiser le tout, ajoutez éventuellement 1 cuillerée à café de gingembre ou de curcuma, ou encore du cacao en poudre (ça fonctionne très bien avec le jus d'orange dans les bols sucrés). Pour adoucir encore la préparation, ajoutez 1 cuillerée à soupe de miel, de préférence cru (non chauffé).

« Yaourts » et « crèmes » de fruits à coque

J'ai longtemps cherché à remplacer les yaourts à base de lait animal. Les yaourts au lait de coco du commerce sont délicieux, mais j'ai fini par trouver mieux… En fait, les protéines des fruits à coque et des graines remplacent parfaitement celles du lait animal. Mixez 1 tasse de fruits à coque avec 1 tasse d'eau et 1 trait de jus de citron pour obtenir une nouvelle forme de yaourt. L'opération sera plus faciles si les fruits à coque ont trempé toute une nuit dans de l'eau. La texture que je préfère est celle que l'on obtient avec des noix de cajou, douce et onctueuse, juste parfaite.

Pour aromatiser vos yaourts maison, placez-les dans le bol d'un mixeur et ajoutez une petite poignée de fruits frais et, éventuellement, 1 cuillerée à café de miel (de préférence cru). J'ai obtenu de délicieux résultats avec des fruits comme les myrtilles, les fraises, l'ananas, la mangue, les figues, les abricots et les nectarines.

Si vous souhaitez innover et obtenir une texture plus proche d'un dessert crémeux, remplacez le jus de citron par une épice et du miel. Mixez 1 tasse de fruits à coque avec 1 tasse d'eau, 1 cuillerée à café de cacao ou d'épice (du gingembre ou de la cannelle en poudre, de la lavande ou de l'extrait de vanille) et 1 cuillerée à café de miel (de préférence cru).

Choisir le meilleur

Au cours de ces deux dernières années, j'ai testé les limites des bols repas. Comme je m'y attendais, j'ai dû me résoudre à écarter certaines recettes, dont les associations étaient trop pauvres en saveurs ou les proportions mal dosées. Ces recherches m'ont été utiles et m'ont conduit à faire des découvertes, à trouver de nouvelles façons de prendre soin de ma santé. J'aime tous les légumes, bien plus que je ne le croyais, mais la véritable révélation fut mon amour des fruits. Acidulés, sucrés, moelleux, savoureux, stimulants, frais et nourrissants… les fruits sont le don ultime de la nature, l'aliment parfait par excellence.

Peu à peu, mes envies de sucre se sont atténuées et, lorsqu'elles se manifestent aujourd'hui, elles ne me guident plus vers le sucre blanc raffiné, mais vers les sucres naturels, qui sont plus faciles à assimiler et qui font moins grossir. Je ne prétends pas que, si vous consommez mes bols vitaminés, vous allez perdre du poids – c'est une promesse que je ne pourrai pas tenir –, mais je ne débute pas la journée en pensant que je dois perdre du poids et, d'ailleurs, il n'y a plus de pèse-personne dans ma salle de bain depuis longtemps. Ce dont je suis sûr, c'est que j'ai adoré chacune de ces recettes, leurs textures, leurs couleurs et leurs saveurs… et à quel point il fut précieux pour moi de comprendre ce qui était bon ou mauvais pour mon organisme, dès le petit matin et tout au long de la journée. Je sais maintenant comment préparer des ingrédients, de la façon la plus naturelle, la plus saine et la plus savoureuse qui soit.

Je suis persuadé que la santé vient de l'intérieur, de notre façon d'être et de notre rapport à la nourriture. Notre attitude est essentielle. En retour, les nutriments contenus dans les aliments que nous consommons influent sur notre humeur et notre bien-être. Tout est lié. Si nous consommons des aliments de qualité, appétissants, sains et nourrissants, nous avons plus de chances d'être nous-mêmes épanouis, en bonne santé et pleinement satisfaits. Notre humeur s'améliore et nous rayonnons.

Je sais aujourd'hui que je me fais du bien. Je ne connaissais pas cette sensation de bien-être lorsque je consommais des viennoiseries et toutes sortes de sucreries. Ma glycémie jouait souvent au yo-yo et j'étais condamné à assouvir mes fringales de sucre tout au long de la journée.

En me lançant ce défi, j'ai également commencé à pratiquer un peu plus d'activités physiques. Je me suis notamment mis au vélo et, en supprimant le sucre blanc raffiné de mon alimentation, je suis devenu plus actif, moins paresseux. Comme je l'ai déjà dit, le corps et l'esprit sont connectés.

J'ai écrit *Bols vitaminés* pour vous aider à rythmer vos journées différemment, en vous proposant une meilleure façon de vous nourrir à chaque repas et d'apprécier la vie, dès le premier et le plus important des repas de la journée. Prenez soin de vous !

Bols sucrés

VEGAN
CRU
SANS GLUTEN

Fraises, pomme et graines de chia et de pavot

INGRÉDIENTS

½ cuil. à café de graines de chia, trempées toute une nuit dans 8 cl de lait d'amande
1 poignée de fraises, coupées en morceaux
1 pomme, coupée en dés
1 cuil. à café de graines de pavot

VARIANTE VÉGÉTARIENNE

Remplacez les graines de chia trempées dans le lait d'amande par du porridge au lait.

VEGAN
CRU

Abricots, myrtilles, flocons d'avoine et graines de sésame

INGRÉDIENTS

30 g de flocons d'avoine, trempés toute une nuit dans 8 cl de lait d'amande
2 abricots, coupés en dés
1 poignée de myrtilles
1 cuil. à soupe de graines de sésame

VARIANTE VÉGÉTARIENNE SALÉE

Ajoutez 30 g de fromage de chèvre et remplacez les flocons d'avoine par du porridge à l'eau.

VEGAN
CRU
SANS GLUTEN

Fraises, fruit de la passion, flocons de céréale et noix de cajou

INGRÉDIENTS

1 poignée de flocons de céréale sans gluten
1 poignée de fraises, coupées en morceaux
40 g de « yaourt » de noix de cajou aromatisé à la fraise (page 29)
1 poignée de noix de cajou
La pulpe d'un fruit de la passion

VARIANTE VÉGÉTARIENNE

Remplacez le « yaourt » de noix de cajou par du yaourt à la fraise.

VÉGÉTARIEN

Cerises, nectarine, porridge et graines de chanvre

INGRÉDIENTS

50 g de porridge au lait de riz (page 16)
1 nectarine, coupée en petits morceaux
1 poignée de cerises, dénoyautées et coupées en deux
2 cuil. à soupe de yaourt nature
1 cuil. à soupe de graines de chanvre décortiquées

VARIANTE VEGAN

Remplacez le yaourt nature par du yaourt au lait de coco ou du « yaourt » de noix de cajou.

VÉGÉTARIEN
SANS GLUTEN

Fraises, ananas, sarrasin, graines de courge et yaourt

INGRÉDIENTS

40 g de yaourt nature
1 petit quartier d'ananas, coupé en dés
1 poignée de fraises, coupées en morceaux
50 g de sarrasin, cuit
1 cuil. à soupe de graines de courge
1 poignée de menthe fraîche, grossièrement hachée

VARIANTE VEGAN

Remplacez le yaourt par de la « crème » d'amandes (page 29) ou du lait de coco.

VEGAN
SANS GLUTEN

Cerises, banane, sarrasin et amandes

INGRÉDIENTS

50 g de porridge de sarrasin au lait d'amande (page 16)
1 banane, coupée en rondelles
1 poignée de cerises, dénoyautées et coupées en deux
2 cuil. à soupe d'amandes

VARIANTE VÉGÉTARIENNE
Remplacez le lait d'amande par du lait.

VÉGÉTARIEN

Fraises, banane, corn flakes et noisettes

INGRÉDIENTS

1 poignée de corn flakes
1 poignée de fraises, coupées en morceaux
1 banane, coupée en grosses rondelles
1 poignée de noisettes
8 cl de lait

VARIANTE VEGAN
Remplacez le lait par du lait d'amande.

VEGAN
CRU

Kiwi, fraises, flocons d'avoine et amandes

INGRÉDIENTS

30 g de flocons d'avoine, trempés toute une nuit dans 8 cl de jus de pomme
1 poignée de fraises, coupées en morceaux
1 kiwi, coupé en dés
1 ½ cuil. à soupe d'amandes, coupées en morceaux

VARIANTE VÉGÉTARIENNE
Ajoutez 40 g de yaourt nature.

VEGAN
SANS GLUTEN

Framboises, abricots, porridge de quinoa et noix de cajou

INGRÉDIENTS

50 g de porridge de quinoa au lait d'amande (page 16)
2 petits abricots, coupés en morceaux
1 poignée de framboises
1 poignée de noix de cajou

VARIANTE VÉGÉTARIENNE SALÉE

Remplacez les noix de cajou par 50 g de fromage de chèvre ou de ricotta.

VEGAN
CRU
SANS GLUTEN

Nectarine, fraises, banane et noisettes

INGRÉDIENTS

De la purée de banane au jus de citron (page 26)
1 nectarine, coupée en dés
1 poignée de fraises, coupées en morceaux
1 poignée de noisettes, réduites en poudre à l'aide d'un mixeur

VARIANTE VÉGÉTARIENNE
Ajoutez 2 cuil. à soupe de crème fraîche.

VEGAN
CRU

Fraises, poire, flocons d'avoine et pistaches

INGRÉDIENTS

30 g de flocons d'avoine, trempés toute une nuit dans 8 cl de lait d'amande
1 petite poire, coupée en dés
1 poignée de fraises, coupées en morceaux
1 cuil. à soupe de pistaches
Des fleurs de violette comestibles (facultatif)

VARIANTE VÉGÉTARIENNE

Remplacez le lait d'amande par du lait.

VÉGÉTARIEN

Cassis, clémentine, flocons de son, baies de goji et noix

INGRÉDIENTS

30 g de flocons de son
2 cuil. à soupe de yaourt nature
1 clémentine détaillée en quartiers
1 poignée de cassis
1 poignée de cerneaux de noix, grossièrement hachés
1 cuil. à soupe de baies de goji, trempées dans de l'eau pendant quelques minutes

VARIANTE VEGAN

Remplacez le yaourt par de la « crème » d'amandes (page 29) ou du yaourt au lait de coco.

VEGAN
SANS GLUTEN

Myrtilles, fraises, flocons de céréale et graines de chanvre

INGRÉDIENTS

30 g de flocons de céréale sans gluten
8 cl de lait d'amande
1 poignée de fraises, coupées en morceaux
1 poignée de myrtilles
1 cuil. à soupe de graines de chanvre décortiquées

VARIANTE VÉGÉTARIENNE
Remplacez le lait d'amande par du lait ou du yaourt nature.

VEGAN

Fraises, cerises, flocons d'avoine et pignons

INGRÉDIENTS

2 cuil. à soupe de flocons d'avoine, trempés toute une nuit dans 2 cuil. à soupe de lait de coco
1 poignée de cerises, dénoyautées et coupées en deux
1 poignée de fraises, coupées en morceaux
2 cuil. à soupe de pignons

VARIANTE VÉGÉTARIENNE

Remplacez le lait de coco par du yaourt nature.

VEGAN

Cerises, pamplemousse rose, flocons de son et pistaches

INGRÉDIENTS

30 g de flocons de son
1 poignée de cerises, dénoyautées et coupées en deux
½ pamplemousse rose, détaillé en segments pelés à vif, plus un peu de jus
2 cuil. à soupe de pistaches

VARIANTE VÉGÉTARIENNE

Ajoutez 2 cuil. à soupe de crème fraîche légère ou de yaourt nature.

VEGAN

Fraises, abricots, couscous et pignons

INGRÉDIENTS

50 g de couscous, cuit
2 petits abricots, coupés en morceaux
1 poignée de fraises, coupées en morceaux
1 cuil. à soupe de pignons
1 poignée de menthe fraîche
1 fleur de souci comestible (facultatif)

VARIANTE OMNIVORE SALÉE
Ajoutez 30 g de jambon de Parme ou de jambon fumé.

VEGAN
SANS GLUTEN

Cerises, framboises, quinoa et graines de sésame

INGRÉDIENTS

50 g de quinoa grillé
1 poignée de cerises, dénoyautées et coupées en deux
1 poignée de framboises
1 cuil. à soupe de graines de sésame noir
40 g de « crème » d'amandes (page 29)
1 cuil. à café d'amandes mondées concassées

VARIANTE VÉGÉTARIENNE

Remplacez la « crème » d'amandes par de la crème légère ou du yaourt nature.

VEGAN
SANS GLUTEN

Cerises, abricots, flocons de céréale et graines de chia

INGRÉDIENTS

1 cuil. à soupe de flocons de céréale sans gluten
2 cuil. à soupe de lait d'amande
1 poignée de cerises, dénoyautées et coupées en deux
2 abricots, coupés en dés
1 cuil. à café de graines de chia

VARIANTE VÉGÉTARIENNE
Remplacez le lait d'amande par du yaourt nature.

VEGAN
SANS GLUTEN

Framboises, nectarine, porridge d'amarante et graines de sésame

INGRÉDIENTS

50 g de porridge d'amarante à l'eau (page 16)
1 nectarine, coupée en dés
1 poignée de framboises
1 cuil. à café de graines de sésame noir

VARIANTE OMNIVORE SALÉE
Ajoutez 30 g de coppa ou de bresaola.

VÉGÉTARIEN

Abricots, nectarine, flocons d'avoine et graines de chanvre

INGRÉDIENTS

1 cuil. à soupe de flocons d'avoine, trempés pendant toute une nuit dans 3 cuil. à soupe de yaourt nature
2 abricots, coupés en morceaux
1 nectarine, coupée en dés
1 cuil. à soupe de yaourt nature
1 cuil. à soupe de graines de chanvre décortiquées

VARIANTE CRUE

Remplacez le yaourt par de la « crème » de noix de cajou (page 29).

VÉGÉTARIEN

Framboises, cassis, pain de seigle et pistaches

INGRÉDIENTS

1 tranche de pain de seigle, coupée en morceaux
1 poignée de framboises
1 poignée de cassis
2 cuil. à soupe de yaourt nature
1 cuil. à soupe de pistaches

VARIANTE VÉGÉTARIENNE SALÉE

Remplacez le yaourt par du cottage cheese, de la ricotta ou du fromage de chèvre.

VEGAN

Cassis, kiwi, corn flakes et graines de chanvre

INGRÉDIENTS

30 g de corn flakes
8 cl de lait d'amande
1 poignée de cassis
1 kiwi, coupé en dés
1 cuil. à soupe de graines de chanvre décortiquées

VARIANTE VÉGÉTARIENNE

Remplacez le lait d'amande par du lait.

VÉGÉTARIEN

Mangue, framboises, flocons de céréale et yaourt

INGRÉDIENTS

30 g de flocons de céréale
1 poignée de framboises
⅓ de mangue, coupée en dés
2 cuil. à soupe de yaourt nature
1 cuil. à café de graines de pavot

VARIANTE VEGAN

Remplacez le yaourt par du yaourt au lait de coco ou de la « crème » de noix de cajou (page 29).

VEGAN

Cassis, papaye, pain de seigle et noix de cajou

INGRÉDIENTS

½ papaye, épépinée et coupée en dés
1 poignée de cassis
1 tranche de pain de seigle, coupée en morceaux
40 g de yaourt au lait de coco
2 cuil. à soupe de noix de cajou

VARIANTE CRUE

Remplacez le yaourt par du « yaourt » de noix de cajou (page 29) et le pain par des flocons d'avoine trempés.

VEGAN

Framboises, pomme, corn flakes et pistaches

INGRÉDIENTS

30 g de corn flakes
De la purée de banane au jus de citron (page 26)
1 petite pomme, coupée en dés
1 poignée de framboises
1 cuil. à soupe de pistaches

VARIANTE VÉGÉTARIENNE

Ajoutez 1 cuil. à soupe de yaourt nature.

VEGAN

Myrtilles, pastèque, flocons de son et pistaches

INGRÉDIENTS

30 g de flocons de son
1 petit quartier de pastèque, épépiné et coupé en dés
1 poignée de myrtilles
50 g de porridge d'avoine au lait d'amande (page 16)
1 cuil. à soupe de pistaches

VARIANTE VÉGÉTARIENNE SALÉE

Remplacez le lait d'amande par de l'eau et ajoutez 30 g de feta.

VEGAN
SANS GLUTEN

Papaye, ananas, quinoa et graines de courge

INGRÉDIENTS

50 g de quinoa grillé
½ papaye, épépinée et coupée en dés
1 petit quartier d'ananas, coupé en dés
2 cuil. à soupe de crème aigre de chanvre (préparée en mélangeant 2 cuil. à soupe de graines de chanvre, 1 cuil. à soupe de jus de citron et 1 cuil. à soupe d'eau)
1 cuil. à soupe de graines de courge

VARIANTE VÉGÉTARIENNE

Remplacez la crème aigre de chanvre par du yaourt nature.

VÉGÉTARIEN

Pamplemousse, papaye, couscous et pistaches

INGRÉDIENTS

50 g de couscous, cuit
½ papaye, épépinée et coupée en dés
½ pamplemousse blanc, coupé en morceaux
1 cuil. à soupe de pistaches
1 cuil. à café de pétales de rose séchés
1 cuil. à café de pollen

VARIANTE VEGAN

Ajoutez 1 cuil. à soupe de yaourt au lait de coco et omettez le pollen.

VEGAN
CRU

Cassis, melon, flocons d'avoine et graines de chanvre

INGRÉDIENTS

30 g de flocons d'avoine, trempés toute une nuit dans 8 cl de lait d'amande et 1 cuil. à café de purée d'amande
1 quartier de melon cantaloup, coupé en dés
1 poignée de cassis
1 cuil. à soupe de graines de chanvre décortiquées

VARIANTE VÉGÉTARIENNE
Ajoutez 2 cuil. à soupe de crème fraîche.

VÉGÉTARIEN
SANS GLUTEN

Ananas, myrtilles, flocons de céréale et pistaches

INGRÉDIENTS

30 g de flocons de céréale sans gluten
1 petit quartier d'ananas, coupé en dés
1 poignée de myrtilles
2 cuil. à soupe de yaourt nature
1 cuil. à soupe de pistaches

VARIANTE VEGAN

Remplacez le yaourt par de la purée de banane au jus de citron (page 26).

VÉGÉTARIEN

Pastèque, abricot, flocons de son et graines de chia

INGRÉDIENTS

30 g de flocons de son
1 petit quartier de pastèque, épépiné et coupé en dés
1 abricot, coupé en dés
2 cuil. à soupe de yaourt nature
1 cuil. à café de graines de chia

VARIANTE VEGAN

Remplacez le yaourt par du « yaourt » de noix de cajou *(page 29).*

VEGAN

Fraises, melon, corn flakes et « yaourt » de noix de cajou

INGRÉDIENTS

30 g de corn flakes
1 poignée de fraises, coupées en morceaux
1 quartier de melon galia, coupé en dés
2 cuil. à soupe de « yaourt » de noix de cajou (page 29)
1 cuil. à café de graines de pavot

VARIANTE VÉGÉTARIENNE

Remplacez le « yaourt » de noix de cajou par du yaourt nature.

VEGAN
SANS GLUTEN

Kiwi, pastèque, granola au riz soufflé et graines de courge

INGRÉDIENTS

1 kiwi, coupé en dés
1 petit quartier de pastèque, épépiné et coupé en dés
2 cuil. à soupe de granola au riz soufflé
2 cuil. à soupe de « crème » d'amandes (page 29)
1 cuil. à café de graines de courge

VARIANTE
CRUE

Remplacez le granola au riz soufflé par 2 cuil. à soupe de flocons d'avoine trempés dans 2 cuil. à soupe de lait d'amande.

VÉGÉTARIEN

Figues, fraises, corn flakes et pistaches

INGRÉDIENTS

30 g de corn flakes
2 figues, coupées en morceaux
1 poignée de fraises, coupées en morceaux
2 cuil. à soupe de yaourt nature
1 cuil. à soupe de pistaches
Des fleurs de violette comestibles (facultatif)

VARIANTE VEGAN

Remplacez le yaourt par de la « crème » de noix de cajou *(page 29)**.*

VEGAN
CRU

Mûres, abricots, flocons d'avoine et graines de lin

INGRÉDIENTS

30 g de flocons d'avoine, trempés toute une nuit dans 8 cl de jus de pomme
1 poignée de mûres
3 petits abricots, coupés en morceaux
1 cuil. à café de graines de lin

VARIANTE VÉGÉTARIENNE

Ajoutez 1 cuil. à soupe de crème fraîche.

Papaye, prune, porridge de quinoa et graines de chanvre

INGRÉDIENTS

50 g de porridge de quinoa à l'eau (page 16)
½ papaye, épépinée et coupée en dés
1 prune, coupée en dés
1 cuil. à soupe de graines de chanvre décortiquées, réduites en poudre à l'aide d'un mixeur
1 poignée de menthe fraîche
1 cuil. à soupe de grué de cacao

VARIANTE CRUE

Remplacez le porridge de quinoa par 30 g de flocons d'avoine trempés toute une nuit dans 8 cl de jus de pomme.

VEGAN
CRU

Melon, pastèque, flocons d'avoine et noisettes

INGRÉDIENTS

30 g de flocons d'avoine, trempés toute une nuit dans 8 cl de jus de pomme et 1 cuil. à café de gingembre en poudre
1 petit quartier de pastèque, épépiné et coupé en dés
1 quartier de melon galia, épépiné et coupé en dés
1 poignée de noisettes

VARIANTE VÉGÉTARIENNE
Ajoutez 2 cuil. à soupe de crème fraîche.

VEGAN
SANS GLUTEN

Mûres, papaye, porridge de sarrasin et graines de chanvre

INGRÉDIENTS

50 g de porridge de sarrasin à l'eau et 1 cuil. à café d'huile de coco *(page 16)*
½ papaye, épépinée et coupée en dés
1 poignée de mûres
1 cuil. à soupe de graines de chanvre décortiquées

VARIANTE OMNIVORE SALÉE
Ajoutez 30 g de jambon de Parme.

VEGAN
CRU

Pastèque, raisin noir, flocons d'avoine et graines de chanvre

INGRÉDIENTS

30 g de flocons d'avoine, trempés toute une nuit dans 8 cl de lait d'amande et 1 cuil. à café de cannelle en poudre
1 petit quartier de pastèque, épépiné et coupé en dés
1 poignée de grains de raisin noir
1 cuil. à soupe de graines de chanvre décortiquées

VARIANTE VÉGÉTARIENNE
Ajoutez 2 cuil. à soupe de crème fraîche.

VEGAN

Physalis, pomme, corn flakes et noisettes

INGRÉDIENTS

2 cuil. à soupe de corn flakes
½ pomme, coupée en petits morceaux
1 poignée de physalis, pelés
2 cuil. à soupe de « crème » d'amandes (page 29)
1 cuil. à soupe de noisettes
Des fleurs de violette comestibles (facultatif)

VARIANTE VÉGÉTARIENNE

Remplacez la « crème » d'amandes par de la crème légère.

VÉGÉTARIEN
SANS GLUTEN

Prune, framboises, flocons de céréale et pistaches

INGRÉDIENTS

2 cuil. à soupe de flocons de céréale sans gluten
1 prune, coupée en dés
1 poignée de framboises
2 cuil. à soupe de yaourt nature
1 cuil. à soupe de pistaches

VARIANTE VEGAN

Remplacez le yaourt nature par du « yaourt » de noix de cajou *(page 29).*

VEGAN
CRU

Kaki, framboises, flocons d'avoine et graines de courge

INGRÉDIENTS

30 g de flocons d'avoine, trempés toute une nuit dans 8 cl de lait d'amande
1 poignée de framboises
1 petit kaki, coupé en quartiers
1 cuil. à soupe de graines de courge

VARIANTE OMNIVORE SALÉE

Ajoutez 30 g de chorizo ou de jambon fumé.

VEGAN

Pastèque, mûres, flocons de son et noix de cajou

INGRÉDIENTS

30 g de flocons de son
1 poignée de mûres
1 quartier de pastèque, épépiné et coupé en dés, plus un peu de jus
2 cuil. à soupe de noix de cajou

VARIANTE VÉGÉTARIENNE

Ajoutez 2 cuil. à soupe de crème fraîche.

VEGAN

Grenade, prunes, flocons de son et graines de chia

INGRÉDIENTS

1 cuil. à soupe de flocons de son
2 prunes, coupées en dés
1 poignée de grains de grenade
2 cuil. à soupe de « crème » d'amandes (page 29)
1 cuil. à café de graines de chia
1 poignée d'estragon frais

VARIANTE CRUE

Remplacez les flocons de son par des flocons d'avoine trempés toute une nuit dans de la « crème » d'amandes.

CRU

Mûres, melon, flocons d'avoine et graines de chia

INGRÉDIENTS

30 g de flocons d'avoine, trempés toute une nuit dans 8 cl de jus de pomme
1 poignée de mûres
1 quartier de melon galia, coupé en dés
1 cuil. à café de graines de chia
Quelques feuilles de menthe fraîche

VARIANTE VEGAN

Ajoutez 1 cuil. à soupe d'amandes effilées grillées.

VEGAN
SANS GLUTEN

Grenade, raisin noir, quinoa et yaourt au lait de coco

INGRÉDIENTS

2 cuil. à soupe de quinoa grillé
1 poignée de grains de raisin noir
2 cuil. à soupe de grains de grenade
2 cuil. à soupe de yaourt au lait de coco
1 poignée de menthe fraîche

VARIANTE VÉGÉTARIENNE

Remplacez le yaourt au lait de coco par du yaourt nature.

VÉGÉTARIEN
SANS GLUTEN

Physalis, prune, flocons de céréale et pistaches

INGRÉDIENTS

30 g de flocons de céréale sans gluten
1 poignée de physalis, pelés
1 prune, coupée en dés
2 cuil. à soupe de yaourt nature
1 cuil. à soupe de pistaches

VARIANTE VEGAN

Remplacez le yaourt par de la crème d'avoine ou du « yaourt » de noix de cajou (page 29).

VEGAN

Pastèque, prune, corn flakes et graines de chia

INGRÉDIENTS

30 g de corn flakes
1 petit quartier de pastèque, épépiné et coupé en dés
1 prune, coupée en dés
2 cuil. à soupe de « yaourt » de noix de cajou (page 29)
1 cuil. à café de graines de chia

VARIANTE VÉGÉTARIENNE

Remplacez le « yaourt » de noix de cajou par de la crème légère.

VÉGÉTARIEN

Figues, framboises, flocons de son et yaourt

INGRÉDIENTS

30 g de flocons de son
2 figues, coupées en morceaux
1 poignée de framboises
2 cuil. à soupe de yaourt nature

VARIANTE VÉGÉTARIENNE SALÉE

Remplacez le yaourt nature par du cottage cheese et les flocons de son par du pain de seigle.

VEGAN
CRU

Mûres, prune, flocons d'avoine et amandes

INGRÉDIENTS

30 g de flocons d'avoine, trempés toute une nuit dans 8 cl de jus d'orange
1 poignée de mûres
1 prune, coupée en dés
2 cuil. à soupe de « yaourt » de noix de cajou (page 29)
2 cuil. à soupe d'amandes, trempées toute une nuit dans de l'eau

VARIANTE VÉGÉTARIENNE

Remplacez le « yaourt » de noix de cajou par du yaourt nature.

VÉGÉTARIEN

Mûres, nectarine, flocons de son et noix

INGRÉDIENTS

30 g de flocons de son
2 cuil. à soupe de lait
1 nectarine, coupée en dés
1 poignée de mûres
1 poignée de cerneaux de noix

VARIANTE VEGAN

Remplacez le lait par du lait de coco.

VEGAN

Figues, pomme, flocons d'avoine et graines de courge

INGRÉDIENTS

30 g de flocons d'avoine, trempés toute une nuit dans 8 cl de jus de pomme et 1 cuil. à café de gingembre en poudre
2 figues, coupées en morceaux
½ pomme, coupée en lamelles
2 cuil. à soupe de quinoa grillé
1 cuil. à café de copeaux de noix de coco séchée
1 cuil. à café de graines de courge

VARIANTE VÉGÉTARIENNE

Remplacez les flocons d'avoine trempés par 50 g de porridge au lait (page 16).

Grenade, melon, corn flakes et yaourt

INGRÉDIENTS

1 quartier de melon jaune ou galia, coupé en dés
2 cuil. à soupe de grains de grenade
30 g de corn flakes
2 cuil. à soupe de yaourt nature
Des fleurs de violette comestibles (facultatif)

VARIANTE VEGAN

Remplacez le yaourt par de la « crème » d'amandes (page 29) ou de la crème d'avoine.

CRU

Figues, grenade, flocons d'avoine et graines de chanvre

INGRÉDIENTS

30 g de flocons d'avoine, trempés toute une nuit dans 40 g de « crème » d'amandes (page 29)
2 cuil. à soupe de grains de grenade
2 figues, coupées en morceaux
1 cuil. à soupe de graines de chanvre décortiquées

VARIANTE VEGAN

Remplacez la « crème » d'amandes par du lait de soja, d'avoine ou de coco.

VÉGÉTARIEN

Pomme, noix de coco, porridge et graines de chia

INGRÉDIENTS

150 g de porridge au lait d'amande (page 16) avec 1 cuil. à café de cannelle en poudre
1 petite pomme, détaillée en très fines lanières à l'aide d'un épluche-légumes
La chair de ¼ de noix de coco fraîche, coupée en dés
1 cuil. à café de graines de chia
½ cuil. à café de pollen

VARIANTE VEGAN

Remplacez le pollen par 2 cuil. à soupe de yaourt au lait de coco.

VÉGÉTARIEN

Noix de coco, banane, flocons d'avoine et graines de chanvre

INGRÉDIENTS

30 g de flocons d'avoine, trempés toute une nuit dans 3 cuil. à soupe de yaourt nature
1 banane, coupée en rondelles
La chair de ¼ de noix de coco fraîche, coupée en dés
1 cuil. à soupe de graines de chanvre décortiquées
2 carrés de chocolat noir, hachés

VARIANTE CRUE

Remplacez le yaourt par de la « crème » d'amandes (page 29) et utilisez des copeaux de chocolat cru.

VEGAN
CRU
SANS GLUTEN

Pastèque, orange, pistaches et menthe

INGRÉDIENTS

2 cuil. à soupe de « yaourt » de pistaches (page 29)
1 petit quartier de pastèque, épépiné et coupé en dés
½ orange, coupée en morceaux
1 cuil. à soupe de pistaches
1 poignée de menthe fraîche

VARIANTE VÉGÉTARIENNE

Ajoutez 2 cuil. à soupe de crème fraîche.

VEGAN

Noix de coco, orange sanguine, porridge et graines de chanvre

INGRÉDIENTS

50 g de porridge au lait d'amande (page 16) avec 1 cuil. à café de gingembre en poudre
La chair de ¼ de noix de coco fraîche, coupée en dés
½ orange sanguine, coupée en morceaux
1 cuil. à soupe de graines de chanvre décortiquées

VARIANTE VÉGÉTARIENNE

Remplacez le lait d'amande par du lait.

VÉGÉTARIEN

Pomme, kiwi, flocons de son et graines de chia

INGRÉDIENTS

1 poignée de flocons de son
De la purée d'avocat (page 27)
1 petite pomme, émincée
1 gros kiwi, coupé en rondelles
1 cuil. à café de graines de chia
½ cuil. à café de pollen
1 poignée de menthe fraîche

VARIANTE VEGAN

Remplacez le pollen par 2 cuil. à soupe de yaourt au lait de coco.

VEGAN
SANS GLUTEN

Noix de coco, kiwi, quinoa et baies de goji

INGRÉDIENTS

50 g de quinoa noir cuit
La chair de ¼ de noix de coco fraîche, coupée en dés
De la purée de banane au jus de citron (page 26)
1 kiwi, coupé en rondelles
1 cuil. à soupe de baies de goji, trempées toute une nuit dans de l'eau

VARIANTE VÉGÉTARIENNE

Remplacez la purée de banane au jus de citron par du yaourt nature.

VEGAN
SANS GLUTEN

Noix de coco, papaye, porridge de quinoa et cacahuètes

INGRÉDIENTS

2 cuil. à soupe de porridge de quinoa à l'eau (page 16) avec 1 cuil. à café de gingembre en poudre
La chair de ¼ de noix de coco fraîche, coupée en dés
½ papaye, épépinée et coupée en dés
2 cuil. à soupe de cacahuètes, grillées
1 poignée de coriandre fraîche

VARIANTE CRUE

Remplacez le quinoa par des flocons d'avoine trempés dans du lait de coco et ne faites pas griller les cacahuètes.

VEGAN

Pomme, orange, porridge et graines de chia

INGRÉDIENTS

50 g de porridge au lait de coco (page 16) avec 1 cuil. à café de curcuma
1 petite pomme, coupée en morceaux
1 petite orange, coupée en morceaux
2 cuil. à soupe de yaourt au lait de coco
1 cuil. à café de graines de chia

VARIANTE VÉGÉTARIENNE

Remplacez le yaourt au lait de coco par de la crème fraîche.

VEGAN
CRU

Raisin noir, pomme, flocons d'avoine et noisettes

INGRÉDIENTS

30 g de flocons d'avoine, trempés toute une nuit dans 8 cl de lait d'amande et 1 cuil. à café de cannelle en poudre
1 petite pomme, coupée en dés
1 poignée de grains de raisin noir
1 poignée de noisettes, grossièrement hachées

VARIANTE VÉGÉTARIENNE
Ajoutez 30 g de fromage de chèvre frais.

VÉGÉTARIEN

Pamplemousse rose, kiwi, flocons de son et graines de chia

INGRÉDIENTS

30 g de flocons de son
1 kiwi, coupé en dés
½ pamplemousse rose, coupé en morceaux
2 cuil. à soupe de yaourt nature
1 cuil. à café de graines de chia

VARIANTE VEGAN

Remplacez le yaourt nature par de la crème d'avoine ou de soja.

VEGAN

Banane, pamplemousse, pain de seigle et « yaourt » de noix de cajou

INGRÉDIENTS

3 cuil. à soupe de « yaourt » de noix de cajou aromatisé avec des framboises (page 29)
1 tranche de pain de seigle, coupée en morceaux
1 banane, coupée en rondelles
½ pamplemousse, coupé en morceaux
Des pétales de rose séchés (facultatif)
1 poignée de menthe fraîche

VARIANTE VÉGÉTARIENNE

Remplacez le « yaourt » de noix de cajou par du yaourt à la framboise.

VEGAN
SANS GLUTEN

Pamplemousse rose, avocat, flocons de céréale et pistaches

INGRÉDIENTS

1 poignée de flocons de céréale sans gluten
½ pamplemousse rose, coupé en morceaux
½ avocat, coupé en dés
1 cuil. à soupe de pistaches
1 cuil. à soupe de « crème » d'amandes (page 29)
Des fleurs de pensée comestibles (facultatif)

VARIANTE VÉGÉTARIENNE
Remplacez la « crème » d'amandes par du yaourt nature.

VÉGÉTARIEN

Physalis, poire, flocons d'avoine et graines de pavot

INGRÉDIENTS

30 g de flocons d'avoine, trempés toute une nuit dans 40 g de yaourt nature et 2 cuil. à soupe de jus de pomme
1 poignée de physalis, pelés
½ poire, coupée en dés
1 cuil. à café de graines de pavot

VARIANTE VEGAN

Remplacez le yaourt par du lait d'amande.

VÉGÉTARIEN

Grenade, banane, granola et pollen

INGRÉDIENTS

40 g de granola
1 banane, coupée en rondelles
2 cuil. à soupe de grains de grenade
2 cuil. à soupe de yaourt nature
1 cuil. à café de pollen

VARIANTE VEGAN

Remplacez le yaourt par du yaourt au lait de coco ou du « yaourt » de noix de cajou (page 29) et omettez le pollen.

VEGAN
SANS GLUTEN

Banane, kiwi, quinoa et graines de tournesol

INGRÉDIENTS

2 cuil. à soupe de yaourt au lait de coco
1 banane, coupée en rondelles
1 kiwi, coupé en dés
1 cuil. à soupe de quinoa grillé
1 cuil. à café de graines de tournesol
1 cuil. à café de copeaux de noix de coco séchée

VARIANTE VÉGÉTARIENNE
Remplacez le yaourt au lait de coco par du yaourt nature.

VÉGÉTARIEN

Kiwi, orange, muesli et pollen

INGRÉDIENTS

2 cuil. à soupe de muesli
1 kiwi, coupé en morceaux
½ orange, coupée en morceaux
2 cuil. à soupe de yaourt nature
1 cuil. à café de baies de goji, trempées dans de l'eau pendant quelques minutes
1 cuil. à café de pollen

VARIANTE VEGAN

Remplacez le yaourt par du « yaourt » de noix de cajou (page 29) et omettez le pollen.

VEGAN

Pamplemousse rose, mangue, flocons de son et graines de chia

INGRÉDIENTS

2 cuil. à soupe de flocons de son
½ petite mangue, coupée en morceaux
½ pamplemousse rose, coupé en morceaux, plus un peu de jus
1 cuil. à café de graines de chia
1 poignée de menthe fraîche

VARIANTE VÉGÉTARIENNE

Ajoutez 2 ou 3 cuil. à soupe de yaourt nature ou 30 g de fromage de chèvre.

VÉGÉTARIEN

Kaki, pomme, porridge et noix

INGRÉDIENTS

50 g de porridge au lait (page 16)
avec 1 cuil. à café de cannelle en poudre
½ kaki, coupé en lamelles
½ pomme, détaillée en lanières très fines
à l'aide d'un épluche-légumes
2 cuil. à café de noix, réduites en poudre
à l'aide d'un mixeur

VARIANTE VEGAN

Remplacez le lait par du lait de coco.

CRU
SANS GLUTEN

Pamplemousse rose, pomme, banane et graines de chanvre

INGRÉDIENTS

De la purée de banane au jus de citron (page 26)
½ pamplemousse rose, coupé en morceaux
½ pomme, coupée en lamelles
1 cuil. à soupe de graines de chanvre décortiquées

VARIANTE
VEGAN
Ajoutez 2 cuil. à soupe de yaourt au lait de coco.

VEGAN

Prunes, raisin noir, corn flakes et graines de chia

INGRÉDIENTS

De la purée de banane au jus de citron (page 26)
30 g de corn flakes
2 petites prunes, coupées en dés
1 poignée de grains de raisin noir
1 cuil. à café de graines de chia
Quelques feuilles de menthe fraîche et 1 fleur de pensée comestible (facultatif)

VARIANTE CRUE

Remplacez les corn flakes par des flocons d'avoine, trempés toute une nuit dans 8 cl de jus d'orange.

CRU

Poire, pamplemousse, flocons d'avoine et baies de goji

INGRÉDIENTS

30 g de flocons d'avoine, trempés toute une nuit dans 8 cl de jus d'orange
½ poire, coupée en dés
½ pamplemousse, coupé en morceaux
1 cuil. à soupe de baies de goji, trempées quelques minutes dans l'eau
1 cuil. à café de graines de sésame noir
1 cuil. à café de miel cru (non chauffé)

VARIANTE VÉGÉTARIENNE

Ajoutez 1 cuil. à soupe de yaourt nature.

VÉGÉTARIEN

Poire, prunes, flocons d'avoine et pollen

INGRÉDIENTS

2 cuil. à soupe de flocons d'avoine, trempés toute une nuit dans 3 cuil. à soupe de yaourt nature et 1 cuil. à café de gingembre en poudre
½ poire, coupée en dés
2 prunes, coupées en morceaux
1 cuil. à café de pollen
1 cuil. à café de graines de pavot

VARIANTE VEGAN

Omettez le pollen et remplacez le yaourt par de la crème d'avoine ou de soja.

VÉGÉTARIEN

Pomme, grenade, couscous et graines de courge

INGRÉDIENTS

50 g de couscous, cuit
1 petite pomme, coupée en lamelles
2 cuil. à soupe de grains de grenade
2 cuil. à soupe de yaourt nature
1 cuil. à soupe de graines de courge
1 brin de menthe fraîche

VARIANTE VEGAN

Remplacez le yaourt par du yaourt au lait de coco ou du « yaourt » de noix de cajou *(page 29).*

VEGAN
SANS GLUTEN

Poire, kiwi, quinoa et graines de lin

INGRÉDIENTS

50 g de quinoa noir, cuit
½ poire, coupée en dés
1 kiwi, coupé en dés
1 cuil. à soupe de baies de goji, trempées dans de l'eau pendant quelques minutes
1 poignée de menthe fraîche
1 cuil. à café de graines de lin

VARIANTE CRUE

Remplacez le quinoa par 50 g de flocons d'avoine, trempés toute une nuit dans 8 cl de jus de pomme.

VEGAN

Fruit de la passion, kiwi, flocons de son et graines de chanvre

INGRÉDIENTS

30 g de flocons de son
La pulpe d'un fruit de la passion
1 kiwi, coupé en rondelles
2 cuil. à soupe de crème d'avoine ou de soja
1 cuil. à soupe de graines de chanvre décortiquées

VARIANTE CRUE

Remplacez la crème par de la « crème » d'amandes (page 29) et le son par des flocons d'avoine trempés dans du jus de fruit.

VÉGÉTARIEN

Kiwi, grenade, pain de seigle et noix

INGRÉDIENTS

1 tranche de pain de seigle, coupée en morceaux
2 cuil. à soupe de yaourt nature
2 cuil. à soupe de grains de grenade
1 kiwi, coupé en rondelles
1 poignée de cerneaux de noix

VARIANTE VEGAN

Remplacez le yaourt par de la crème d'avoine ou de soja, ou du yaourt au lait de coco.

VEGAN
SANS GLUTEN

Orange, poire, sarrasin, sésame et noix

INGRÉDIENTS

50 g de sarrasin, cuit
½ poire, coupée en dés
½ orange, coupée en morceaux
1 poignée de menthe fraîche, grossièrement hachée
1 cuil. à café de graines de sésame noir
2 cuil. à soupe de cerneaux de noix

VARIANTE CRUE

Remplacez le sarrasin par 50 g de flocons d'avoine, trempés toute une nuit dans 8 cl de jus d'orange.

VEGAN

Grenade, orange, couscous, pruneaux et pistaches

INGRÉDIENTS

50 g de couscous, cuit
1 petite orange, coupée en morceaux
2 cuil. à soupe de grains de grenade
1 cuil. à soupe de pistaches
1 poignée de pruneaux, dénoyautés

VARIANTE VÉGÉTARIENNE

Ajoutez 1 cuil. à soupe de yaourt nature.

VEGAN
CRU

Grenade, ananas, flocons d'avoine et graines de chia

INGRÉDIENTS

1 cuil. à soupe de graines de chia et 1 cuil. à soupe de flocons d'avoine, trempés pendant quelques minutes dans 8 cl de lait d'amande
1 petit quartier d'ananas, coupé en dés
2 cuil. à soupe de grains de grenade
1 cuil. à café de graines de chia
1 poignée de menthe fraîche

VARIANTE VÉGÉTARIENNE

Ajoutez 2 cuil. à soupe de crème fraîche.

VEGAN
SANS GLUTEN

Fruit de la passion, banane, quinoa et noix de cajou

INGRÉDIENTS

50 g de quinoa noir, cuit
1 banane, coupée en rondelles
La pulpe d'un fruit de la passion
1 poignée de menthe fraîche
1 cuil. à soupe de noix de cajou

VARIANTE VÉGÉTARIENNE

Ajoutez 2 cuil. à soupe de crème fraîche.

VEGAN

Litchis, kiwi, porridge et graines de chia

INGRÉDIENTS

50 g de porridge au lait de coco (page 16) avec 1 cuil. à café de gingembre en poudre
4 litchis, dénoyautés et coupés en deux
1 kiwi, coupé en dés
1 cuil. à café de graines de chia
1 cuil. à soupe de baies de goji, trempées dans de l'eau pendant quelques minutes

VARIANTE CRUE

Remplacez le lait de coco par du lait d'amande et faites tremper les flocons d'avoine toute une nuit au lieu de les faire cuire.

VEGAN
SANS GLUTEN

Ananas, noix de coco, quinoa et pistaches

INGRÉDIENTS

De la purée de banane au jus de citron (page 26)
1 petit quartier d'ananas, coupé en dés
La chair de ¼ de noix de coco fraîche, coupée en dés
1 cuil. à soupe de pistaches
1 cuil. à soupe de quinoa grillé

VARIANTE CRUE

Remplacez le quinoa par 1 cuil. à soupe de graines de chanvre décortiquées.

VÉGÉTARIEN

Grenade, papaye, pain de seigle et pollen

INGRÉDIENTS

1 tranche de pain de seigle, coupée en morceaux
½ papaye, coupée en dés
2 cuil. à soupe de grains de grenade
2 cuil. à soupe de yaourt nature
1 cuil. à café de pollen

VARIANTE VEGAN

Remplacez le yaourt par de la crème d'avoine ou de soja et omettez le pollen.

VÉGÉTARIEN
SANS GLUTEN

Fruit de la passion, pomme, banane et baies d'açaï

INGRÉDIENTS

1 banane, mixée avec 50 g de baies d'açaï surgelées
½ pomme, finement hachée
La pulpe d'un fruit de la passion
1 cuil. à café de pollen
1 cuil. à soupe de noix de cajou

VARIANTE VEGAN

Omettez le pollen.

CRU

Kaki, pamplemousse rose, flocons d'avoine et graines de chia

INGRÉDIENTS

30 g de flocons d'avoine, trempés toute une nuit dans 2 cuil. à soupe de lait d'amande
½ kaki mûr, coupé en dés
½ pamplemousse rose, coupé en morceaux
1 cuil. à café de graines de chia
1 cuil. à café de zeste d'orange
1 cuil. à café de miel cru (non chauffé)

VARIANTE VEGAN

Ajoutez 2 cuil. à soupe de yaourt au lait de coco et omettez le miel.

VEGAN

Litchis, poire, corn flakes et noisettes

INGRÉDIENTS

30 g de corn flakes
1 poire, coupée en dés
4 litchis, dénoyautés et coupés en deux
2 cuil. à soupe de noisettes
1 poignée de menthe fraîche

VARIANTE VÉGÉTARIENNE

Ajoutez 1 cuil. à soupe de crème légère ou de crème fouettée.

VÉGÉTARIEN
SANS GLUTEN

Mangue, pomme, quinoa et yaourt

INGRÉDIENTS

50 g de quinoa noir, cuit
2 cuil. à soupe de yaourt nature
1/2 mangue, coupée en dés
1/2 pomme, détaillée en fines lanières à l'aide d'un épluche-légumes

VARIANTE VEGAN

Remplacez le yaourt par de la « crème » de noix de cajou *(page 29).*

VEGAN

Mangue, fruit de la passion, corn flakes et graines de pavot

INGRÉDIENTS

De la purée de banane au jus de citron (page 26)
30 g de corn flakes
La pulpe d'un fruit de la passion
2 cuil. à soupe de copeaux de noix de coco séchée
½ mangue, coupée en dés
1 cuil. à café de graines de pavot

VARIANTE VÉGÉTARIENNE

Remplacez la purée de banane au jus de citron par du yaourt nature.

VEGAN

Litchis, orange sanguine, flocons d'avoine et graines de chanvre

INGRÉDIENTS

30 g de flocons d'avoine, trempés toute une nuit dans 8 cl de jus d'orange sanguine et 1 cuil. à café de gingembre en poudre
4 litchis, dénoyautés et coupés en deux
1 orange sanguine, coupée en morceaux
1 poignée de menthe fraîche
1 cuil. à soupe de graines de chanvre décortiquées

VARIANTE VÉGÉTARIENNE

Ajoutez 1 cuil. à soupe de crème légère ou de crème fouettée.

VÉGÉTARIEN

Litchis, ananas, flocons d'avoine et noix

INGRÉDIENTS

30 g de flocons d'avoine, trempés toute une nuit dans 2 cuil. à soupe de yaourt nature et 1 cuil. à café de gingembre en poudre
4 litchis, dénoyautés et coupés en morceaux
1 petit quartier d'ananas, coupé en dés
1 cuil. à soupe de noix, réduites en poudre à l'aide d'un mixeur et 1 poignée de menthe fraîche

VARIANTE CRUE

Remplacez le yaourt par du « yaourt » de noix de cajou (page 29).

VEGAN

Mangue, noix de coco, flocons de son et baies de goji

INGRÉDIENTS

2 cuil. à soupe de flocons de son
3 cuil. à soupe de crème de soja ou d'avoine
La chair de ¼ de noix de coco fraîche, coupée en dés
½ mangue, coupée en dés
1 cuil. à soupe de baies de goji, trempées dans de l'eau pendant quelques minutes

VARIANTE VÉGÉTARIENNE

Remplacez la crème de soja ou d'avoine par du yaourt nature.

VÉGÉTARIEN

Avocat, noix de coco, flocons de son et graines de chia

INGRÉDIENTS

30 g de flocons de son
2 cuil. à soupe de quinoa grillé
2 cuil. à soupe de yaourt nature mélangé avec la pulpe d'un fruit de la passion
½ avocat, coupé en dés
1 poignée de copeaux de noix de coco séchée
1 cuil. à café de graines de chia

VARIANTE VEGAN

Remplacez le yaourt par du yaourt au lait de coco.

Bols salés

VÉGÉTARIEN
SANS GLUTEN

Prune, melon, sarrasin et fromage de chèvre

INGRÉDIENTS

50 g de sarrasin, cuit
1 quartier de melon jaune ou de melon cantaloup
1 prune rouge, coupée en dés
30 g de fromage de chèvre, coupé en dés
1 poignée de menthe fraîche, grossièrement hachée
1 filet d'huile de colza vierge de première pression à froid

VARIANTE OMNIVORE

Ajoutez 2 tranches de jambon de Parme.

VÉGÉTARIEN

Poire, raisin noir, pain de seigle et bleu

INGRÉDIENTS

1 petite poire, coupée en dés
1 poignée de grains de raisin noir
30 g de bleu d'Auvergne (ou roquefort, stilton…), coupé en petits morceaux
1 tranche de pain de seigle, coupée en morceaux
1 poignée de cerneaux de noix

VARIANTE OMNIVORE

Remplacez le fromage par de la coppa ou du jambon cru.

VÉGÉTARIEN

Mûres, figues, pain de seigle et fromage de chèvre

INGRÉDIENTS

2 figues, coupées en morceaux
1 poignée de mûres
30 g de fromage de chèvre, coupé en dés
1 poignée d'amandes, trempées toute une nuit dans de l'eau
1 tranche de pain de seigle ou de pain au levain grillé, coupée en petits morceaux
1 poignée de basilic frais

VARIANTE VEGAN

Remplacez le fromage de chèvre par de la « crème » de noix de cajou (page 29).

OMNIVORE

Melon, figues, pain de seigle et jambon de Parme

INGRÉDIENTS

1 tranche de pain de seigle, coupée en morceaux
1 quartier de melon galia ou de melon jaune, coupé en dés
2 figues, coupées en morceaux
2 tranches de jambon de Parme, coupées en lanières
1 filet d'huile de colza vierge de première pression à froid

VARIANTE VÉGÉTARIENNE

Remplacez le jambon de Parme par du fromage de chèvre ou de la ricotta salée.

VÉGÉTARIEN

Physalis, raisin noir, couscous et ricotta salée

INGRÉDIENTS

50 g de couscous, cuit
1 poignée de physalis, pelés
1 poignée de grains de raisin noir
1 poignée de cerneaux de noix
30 g de ricotta salée, coupée en dés
1 filet d'huile de colza vierge de première pression à froid

VARIANTE VEGAN

Remplacez la ricotta salée par 2 cuil. à soupe de « yaourt » de noix de cajou (page 29).

VÉGÉTARIEN

Nectarine, figues, pain au levain et fromage de chèvre

INGRÉDIENTS

1 nectarine blanche, coupée en dés
2 figues, coupées en morceaux
30 g de fromage de chèvre, coupé en dés
1 petite poignée de cerneaux de noix, concassés
1 tranche de pain au levain, grillée et coupée en deux
1 filet d'huile de colza vierge de première pression à froid

VARIANTE OMNIVORE

Remplacez le fromage par du jambon de Parme, de la coppa ou du jambon serrano.

VÉGÉTARIEN

Framboises, mûres, pain de seigle et fromage frais

INGRÉDIENTS

1 tranche de pain de seigle, coupée en morceaux
1 poignée de framboises
1 poignée de mûres
2 cuil. à soupe de cottage cheese ou de faisselle
1 poignée de cerneaux de noix, grossièrement concassés
1 filet d'huile de colza vierge de première pression à froid

VARIANTE VEGAN SUCRÉE

Remplacez le cottage cheese par du yaourt au lait de coco.

VÉGÉTARIEN

Cassis, abricot, couscous et fromage frais

INGRÉDIENTS

50 g de couscous, cuit
1 poignée de cassis
1 gros abricot, coupé en quartiers
2 cuil. à soupe de cottage cheese ou de faisselle
1 cuil. à soupe de graines de lin et 1 fleur de capucine comestible (facultatif)
1 filet d'huile de colza vierge de première pression à froid

VARIANTE VEGAN SUCRÉE

Remplacez le cottage cheese par du « yaourt » d'amandes (page 29).

VÉGÉTARIEN

Grenade, poire, porridge et ricotta

INGRÉDIENTS

1 petite poire, coupée en dés
Les grains de ½ grenade
50 g de porridge à l'eau additionnée d'une pincée de sel (page 16)
50 g de ricotta
1 cuil. à café de graines de chia et 1 fleur de pensée comestible (facultatif)

VARIANTE CRUE

Remplacez la ricotta par du « yaourt » de noix de cajou (page 29) et le porridge par des flocons d'avoine trempés dans du lait d'amande.

VÉGÉTARIEN
SANS GLUTEN

Framboises, raisin noir, quinoa et ricotta salée

INGRÉDIENTS

50 g de quinoa, cuit
1 poignée de framboises
1 poignée de grains de raisin noir
30 g de ricotta salée, détaillée en copeaux à l'aide d'un épluche-légumes
1 poignée de noix de cajou
1 filet d'huile de colza vierge de première pression à froid

VARIANTE VEGAN SUCRÉE

Remplacez la ricotta salée par du yaourt au lait de coco.

VEGAN
SANS GLUTEN

Grenade, avocat, quinoa et graines de sésame

INGRÉDIENTS

80 g de quinoa, cuit
½ avocat, coupé en dés
Les grains de ½ grenade
1 cuil. à café de graines de sésame blanc et noir
Quelques pétales de souci comestible (facultatif)

VARIANTE VÉGÉTARIENNE

Ajoutez 30 g de manchego, d'ossau-iraty ou de fromage de chèvre, coupé en dés.

VÉGÉTARIEN

Aubergine, courgette, orge et feta

INGRÉDIENTS

45 g d'orge perlé, cuit
½ aubergine, coupée en dés et grillée
1 courgette, coupée en dés et grillée
30 g de feta, coupée en dés
1 poignée de persil frais

VARIANTE OMNIVORE

Ajoutez 30 g de chorizo ou de jambon fumé.

OMNIVORE

Mûres, raisin noir, pain de seigle et jambon de Parme

INGRÉDIENTS

1 poignée de mûres
1 poignée de grains de raisin noir
2 tranches de jambon de Parme ou de coppa, coupées en lanières
1 tranche de pain de seigle, coupée en morceaux
1 cuil. à soupe de pignons, grillés

VARIANTE VÉGÉTARIENNE

Remplacez le jambon par 30 g de fromage de chèvre, coupé en dés.

VÉGÉTARIEN

Myrtilles, avocat, pain de seigle et fromage de chèvre

INGRÉDIENTS

1 avocat, coupé en dés
1 poignée de myrtilles
30 g de fromage de chèvre, coupé en dés
1 tranche de pain de seigle, coupée en morceaux

VARIANTE VEGAN SUCRÉE

Remplacez le fromage par 2 cuil. à soupe de « crème » de noix de cajou (page 29) ou de purée d'oléagineux.

VEGAN

Aubergine, avocat, porridge et graines de sésame

INGRÉDIENTS

35 g de porridge au lait de coco (page 16)
½ aubergine, coupée en dés et grillée
½ avocat, coupé en dés
1 cuil. à café de graines de sésame noir
1 poignée de coriandre fraîche
1 pincée de piment d'Espelette

VARIANTE OMNIVORE

Ajoutez 30 g de poulet grillé ou de crevettes bio, cuites et décortiquées.

VEGAN
SANS GLUTEN

Grenade, aubergine, riz complet et graines de sésame

INGRÉDIENTS

50 g de riz complet, cuit
40 g de lentilles vertes du Puy, cuites
1 cuil. à café d'huile de sésame grillé
½ aubergine, coupée en dés et grillée
Les grains de ½ grenade
1 cuil. à café de graines de sésame

VARIANTE VÉGÉTARIENNE

Ajoutez 1 cuil. à soupe de labneh (lait fermenté) ou de yaourt à la grecque.

PESCO-VÉGÉTARIEN
SANS GLUTEN

Orange sanguine, avocat, riz complet et crevettes

INGRÉDIENTS

50 g de riz complet, cuit
½ orange sanguine, épépinée et coupée en morceaux
½ avocat, coupé en dés
10 à 12 crevettes bio, cuites et décortiquées
1 poignée de coriandre fraîche
1 filet d'huile de colza vierge de première pression à froid

VARIANTE VEGAN

Remplacez les crevettes par 1 poignée de noix de cajou.

PESCO-VÉGÉTARIEN
SANS GLUTEN

Concombre, avocat, porridge de riz et saumon fumé

INGRÉDIENTS

40 g de porridge de riz à l'eau (page 16)
50 g de concombre, pelé et coupé en dés
½ avocat, coupé en dés
2 tranches de saumon fumé, coupées en morceaux
1 cuil. à café de graines de sésame, grillées
1 cuil. à café de dulse (algue rouge) séchée en copeaux

VARIANTE VÉGÉTARIENNE

Remplacez le saumon fumé par un œuf poché ou dur.

VÉGÉTARIEN
SANS GLUTEN

Carotte, olives, amarante et fromage de chèvre

INGRÉDIENTS

50 g d'amarante, cuite
1 carotte, détaillée en tagliatelles à l'aide d'un épluche-légumes
1 poignée d'olives noires, dénoyautées
40 g de fromage de chèvre, coupé en morceaux
1 poignée de menthe fraîche
1 cuil. à soupe de pistaches

VARIANTE PESCO-VÉGÉTARIENNE

Ajoutez 50 g de truite ou de cabillaud poché.

VÉGÉTARIEN
SANS GLUTEN

Aubergine, poivron, riz complet et pistaches

INGRÉDIENTS

50 g de riz complet, cuit
¼ aubergine, coupée en dés et grillée
½ poivron rouge et ½ poivron jaune, coupés en morceaux et rôtis au four
2 cuil. à soupe de yaourt nature
1 cuil. à soupe de pistaches

VARIANTE OMNIVORE

Ajoutez quelques dés de poulet poché.

OMNIVORE
SANS GLUTEN

Champignons, courgette, haricots et lardons

INGRÉDIENTS

½ courgette, coupée en julienne ou détaillée en tagliatelles à l'aide d'un épluche-légumes
50 g de champignons de Paris, coupés en morceaux et sautés
2 cuil. à soupe de haricots cornille en boîte
30 g de lardons dorés à sec
1 poignée de persil frais
1 filet d'huile d'olive vierge extra de première pression à froid

VARIANTE VEGAN

Remplacez la pancetta par 1 cuil. à soupe de graines de sésame et 1 cuil. à soupe de houmous.

PESCO-VÉGÉTARIEN
SANS GLUTEN

Carotte, tomates, sarrasin et sardines

INGRÉDIENTS

40 g de sarrasin, cuit
1 carotte, détaillée en tagliatelles
1 poignée de tomates cerises, coupées en deux
2 sardines en boîte et 1 poignée de persil frais
½ avocat, écrasé avec 1 cuil. à soupe de jus de citron et 1 cuil. à soupe d'huile
1 cuil. à café de graines de sésame noir

VARIANTE OMNIVORE

Remplacez le poisson par 30 g de poulet rôti ou de chorizo.

VÉGÉTARIEN
SANS GLUTEN

Carotte, poivron, riz noir et halloumi

INGRÉDIENTS

40 g de riz noir, cuit
1 carotte, détaillée en tagliatelles à l'aide d'un épluche-légumes
½ poivron rouge et ½ poivron vert, coupés en lanières et rôtis au four
30 g de halloumi coupé en dés, grillé

VARIANTE OMNIVORE

Ajoutez 30 g de bacon ou de pancetta grillé.

VEGAN

Courgette, haricots verts, pain de seigle et pignons

INGRÉDIENTS

½ petite courgette, coupée en julienne ou détaillée en tagliatelles à l'aide d'un épluche-légumes
1 tranche de pain de seigle, coupée en morceaux
1 petite poignée de haricots verts, cuits à la vapeur
1 poignée de pignons
1 filet d'huile d'olive vierge extra de première pression à froid
Quelques feuilles de menthe fraîche

VARIANTE VÉGÉTARIENNE

Ajoutez 2 cuil. à soupe de ricotta ou de cottage cheese.

VEGAN
CRU
SANS GLUTEN

Courgette, tomates, avocat et graines de chanvre

INGRÉDIENTS

½ courgette, détaillée en tagliatelles à l'aide d'un épluche-légumes
1 poignée de tomates cerises, coupées en deux
1 poignée de coriandre fraîche
½ avocat, écrasé avec 1 cuil. à soupe de jus de citron et 1 cuil. à soupe d'huile
1 cuil. à café de graines de chanvre décortiquées
1 filet d'huile d'olive vierge extra de première pression à froid

VARIANTE OMNIVORE

Ajoutez 30 g de jambon de Parme ou fumé.

VÉGÉTARIEN
SANS GLUTEN

Courgette, champignons, sarrasin et œuf

INGRÉDIENTS

40 g de sarrasin, cuit
1 petite courgette, coupée en julienne et sautée à la poêle avec 1 œuf
50 g de champignons de Paris, émincés et sautés
1 oignon blanc, émincé
1 poignée de menthe fraîche et 1 fleur de capucine comestible (facultatif)

VARIANTE OMNIVORE

Ajoutez 50 g de bacon fumé, grillé.

VEGAN

Courgette, poivron, orge et graines de sésame

INGRÉDIENTS

½ courgette, coupée en julienne ou détaillée en tagliatelles
45 g d'orge perlé, cuit
1 poivron rouge, coupé en lanières
1 cuil. à café de graines de sésame noir
1 oignon blanc, émincé
1 filet d'huile d'olive vierge extra de première pression à froid

VARIANTE PESCO-VÉGÉTARIENNE
Ajoutez 1 poignée de crevettes bio, cuites et décortiquées.

VÉGÉTARIEN

Carotte, concombre, pain de seigle et feta

INGRÉDIENTS

1 carotte, détaillée en tagliatelles à l'aide d'un épluche-légumes
100 g de concombre, pelé et émincé
30 g de feta, coupée en dés
1 tranche de pain de seigle, coupée en morceaux
1 cuil. à café de graines de pavot
1 poignée de basilic frais

VARIANTE VEGAN

Remplacez la feta par 50 g de pois chiches en boîte ou de houmous.

VÉGÉTARIEN

Concombre, myrtilles, pain de seigle et graines de lin

INGRÉDIENTS

50 g de concombre, coupé en dés
1 poignée de myrtilles
2 cuil. à soupe de yaourt nature
1 tranche de pain de seigle ou complet, coupée en morceaux
1 cuil. à café de graines de lin
1 poignée de menthe fraîche et 1 fleur de pissentlit comestible (facultatif)

VARIANTE VEGAN

Remplacez le yaourt par du « yaourt » de noix de cajou (page 29).

VEGAN

Myrtilles, figues, pain de seigle et noisettes

INGRÉDIENTS

40 g de « crème » d'amandes (page 29)
1 poignée de myrtilles
2 figues, coupées en morceaux
1 tranche de pain de seigle, coupée en morceaux
2 cuil. à soupe de noisettes
1 poignée de menthe fraîche

VARIANTE VÉGÉTARIENNE

Remplacez la « crème » d'amandes par 30 g de fromage de chèvre, coupé en dés.

PESCO-VÉGÉTARIEN

Concombre, olives, croûtons et maquereau

INGRÉDIENTS

50 g de concombre, pelé et coupé en dés
1 poignée d'olives noires, dénoyautées
½ filet de maquereau fumé
1 poignée de croûtons
1 poignée de persil frais
1 filet d'huile d'olive vierge extra de première pression à froid

VARIANTE VÉGÉTARIENNE

Remplacez le maquereau par de la feta ou du halloumi.

VEGAN
SANS GLUTEN

Courgette, courge butternut, millet et lentilles

INGRÉDIENTS

½ courgette, détaillée en tagliatelles à l'aide d'un épluche-légumes
50 g de dés de courge butternut, rôtis au four
40 g de lentilles vertes du Puy, cuites
1 poignée de menthe fraîche
40 g de millet, cuit
1 filet d'huile d'olive vierge extra de première pression à froid

VARIANTE VÉGÉTARIENNE

Ajoutez 30 g de ricotta salée coupée en dés ou de fromage de chèvre.

OMNIVORE

Concombre, tomates séchées, pain de seigle et jambon fumé

INGRÉDIENTS

1 tranche de pain de seigle ou complet, coupée en morceaux
50 g de concombre, pelé et coupé en dés
1 poignée de tomates séchées
30 g de jambon fumé, coupé en dés
1 cuil. à café de graines de sésame noir
1 poignée de cerfeuil frais

VARIANTE VÉGÉTARIENNE
Remplacez le jambon par de la mozzarella ou de la ricotta.

VÉGÉTARIEN

Concombre, tomates, pain de seigle et halloumi

INGRÉDIENTS

50 g de concombre, pelé et coupé en dés
1 poignée de tomates cerises, coupées en deux
30 g de halloumi coupé en dés, grillé
1 tranche de pain de seigle, coupée en morceaux
1 cuil. à café de graines de sésame, grillées
1 filet d'huile d'olive vierge extra de première pression à froid
1 poignée de menthe fraîche

VARIANTE VEGAN

Remplacez le halloumi par 50 g de pois chiches en boîte.

VEGAN
SANS GLUTEN

Grenade, champignons et pois chiches

INGRÉDIENTS

50 g d'amarante, cuite
50 g de champignons de Paris, coupés en morceaux et sautés
30 g de pois chiches en boîte
Les grains de ½ grenade
Quelques feuilles de basilic frais
1 filet d'huile d'olive vierge extra de première pression à froid

VARIANTE VÉGÉTARIENNE
Ajoutez 2 cuil. à soupe de yaourt nature.

OMNIVORE

Haricots verts, avocat, pain de seigle et lardons

INGRÉDIENTS

1 petite poignée de haricots verts, cuits à la vapeur
½ avocat, coupé en dés
30 g de lardons, dorés à sec
1 tranche de pain de seigle ou complet, coupée en morceaux
1 filet d'huile d'olive vierge extra de première pression à froid

VARIANTE VÉGÉTARIENNE

Remplacez les lardons par du halloumi.

VEGAN
SANS GLUTEN

Tomates, aubergine, pois chiches et graines de sésame

INGRÉDIENTS

50 g d'aubergine, coupée en dés et grillée
1 poignée de tomates cerises, coupées en deux
50 g de pois chiches en boîte
1 cuil. à café de graines de sésame
Quelques feuilles de persil frais
1 filet d'huile d'olive vierge extra de première pression à froid

VARIANTE OMNIVORE

Ajoutez 30 g de chorizo ou de jambon fumé.

VÉGÉTARIEN
SANS GLUTEN

Haricots verts, aubergine, quinoa et pecorino

INGRÉDIENTS

40 g de quinoa, cuit
½ petite aubergine, coupée en dés et grillée
1 petite poignée de haricots verts, cuits à la vapeur
30 g de pecorino, coupé en petits morceaux
1 filet d'huile d'olive vierge extra de première pression à froid

VARIANTE VEGAN

Remplacez le pecorino par 50 g de lentilles du Puy cuites ou de pois chiches en boîte.

VÉGÉTARIEN
SANS GLUTEN

Haricots verts, courge butternut, sarrasin et manchego

INGRÉDIENTS

40 g de sarrasin, cuit
50 g de dés de courge butternut, rôtis au four
1 petite poignée de haricots verts, cuits à la vapeur
30 g de manchego ou d'ossau-iraty, coupé en dés
1 brin de basilic frais
1 filet d'huile d'olive vierge extra de première pression à froid

VARIANTE
OMNIVORE

Remplacez le manchego par du poulet rôti.

VÉGÉTARIEN
SANS GLUTEN

Shiitakés, haricots verts, riz et œuf

INGRÉDIENTS

40 g de riz noir, cuit
50 g de shiitakés, émincés et sautés
1 petite poignée de haricots verts, cuits à la vapeur
½ avocat, coupé en dés
1 œuf au plat
1 cuil. à café de graines de sésame, grillées

VARIANTE OMNIVORE

Remplacez l'œuf par 30 g de poulet rôti.

PESCO-VÉGÉTARIEN
SANS GLUTEN

Poivron, concombre, riz complet et thon

INGRÉDIENTS

50 g de riz complet, cuit
50 g de concombre, pelé et coupé en dés
½ poivron rouge, coupé en lanières
30 g de thon au naturel, coupé en morceaux
1 cuil. à café de copeaux d'algues nori
et 1 cuil. à café de graines de pavot
1 filet d'huile d'olive vierge extra de première pression à froid

VARIANTE VÉGÉTARIENNE
Remplacez le thon par de la feta ou du halloumi.

VEGAN
SANS GLUTEN

Pleurotes, courge butternut, sarrasin et graines de sésame

INGRÉDIENTS

40 g de sarrasin, cuit
50 g de dés de courge butternut, rôtis au four
50 g de pleurotes, émincées et sautées
1 cuil. à café de graines de sésame, grillées
Quelques feuilles de basilic frais
1 filet d'huile d'olive vierge extra de première pression à froid

VARIANTE VÉGÉTARIENNE

Ajoutez 1 œuf poché ou dur.

VÉGÉTARIEN

Tomates, haricots verts, pain et ricotta

INGRÉDIENTS

3 tomates cerises, coupées en quartiers
1 petite poignée de haricots verts, cuits à la vapeur
2 cuil. à soupe de ricotta
1 tranche de pain aux céréales grillé, coupée en deux
2 cuil. à soupe de pignons

VARIANTE VEGAN

Remplacez la ricotta par du tofu ou des pois chiches en boîte.

VÉGÉTARIEN
SANS GLUTEN

Pleurotes, avocat, sarrasin et œuf

INGRÉDIENTS

40 g de sarrasin, cuit
½ avocat, coupé en dés
50 g de pleurotes, émincées et sautées
1 œuf dur, coupé en deux
1 cuil. à café de graines de sésame noir
1 filet d'huile d'olive vierge extra de première pression à froid

VARIANTE
VEGAN

Remplacez l'œuf par 2 cuil. à soupe de pois chiches en boîte ou d'edamame (fèves de soja) cuits.

OMNIVORE

Tomates, avocat, pain de seigle et bresaola

INGRÉDIENTS

1 poignée de tomates cerises, coupées en quartiers
1 poignée d'olives noires de Kalamata, dénoyautées et grossièrement hachées
½ avocat, coupé en fines tranches
50 g de bresaola, en chiffonnade
1 tranche de pain de seigle, coupée en morceaux
1 filet d'huile d'olive vierge extra de première pression à froid

VARIANTE PESCO-VÉGÉTARIENNE

Remplacez la bresaola par du saumon fumé.

PESCO-VÉGÉTARIEN
SANS GLUTEN

Courgette, olives, haricots et maquereau

INGRÉDIENTS

½ courgette, coupée en julienne ou détaillée en tagliatelles à l'aide d'un épluche-légumes
1 poignée d'olives noires, dénoyautées
2 cuil. à soupe de haricots cornille cuits
1 filet de maquereau fumé
1 poignée de persil frais
1 filet d'huile d'olive vierge extra de première pression à froid

VARIANTE VÉGÉTARIENNE
Remplacez le maquereau par de la feta ou du halloumi.

VÉGÉTARIEN
SANS GLUTEN

Olives, poivron, quinoa et feta

INGRÉDIENTS

40 g de quinoa, cuit
1 poignée d'olives noires, dénoyautées
½ poivron rouge et ½ poivron jaune, coupés en lanières et rôtis au four
30 g de feta émiettée
1 poignée de basilic frais
1 filet d'huile d'olive vierge extra de première pression à froid

VARIANTE OMNIVORE
Ajoutez 30 g de poulet rôti ou de chorizo.

VÉGÉTARIEN
SANS GLUTEN

Courge butternut, poivron, quinoa et feta

INGRÉDIENTS

40 g de quinoa rouge, cuit
50 g de dés de courge butternut, rôtis au four
1 poivron rouge, coupé en morceaux et rôti au four
30 g de feta, coupée en dés
1 poignée de menthe fraîche
1 filet d'huile d'olive vierge extra de première pression à froid

VARIANTE
VEGAN
Remplacez la feta par des pois chiches en boîte

VÉGÉTARIEN
SANS GLUTEN

Tomates, avocat, riz et omelette

INGRÉDIENTS

3 tomates cerises, rôties
½ avocat, coupé en dés
1 petite omelette
60 g de riz blanc, cuit
1 poignée de coriandre fraîche

VARIANTE OMNIVORE

Remplacez l'omelette par 30 g de bacon ou de lardons dorés à sec.

VEGAN

Poivron, haricots verts, orge et noix

INGRÉDIENTS

45 g d'orge perlé, cuit
1 petite poignée de haricots verts, cuits à la vapeur
½ poivron rouge, coupé en lanières
1 poignée de cerneaux de noix
1 filet d'huile d'olive vierge extra de première pression à froid
Quelques pétales de souci comestible (facultatif)

VARIANTE VÉGÉTARIENNE

Ajoutez 30 g de manchego ou d'ossau-iraty, coupé en dés.

VEGAN

Poivron, concombre, pain de seigle et houmous

INGRÉDIENTS

50 g de concombre, pelé et coupé en dés
½ poivron rouge, coupé en dés
1 tranche de pain de seigle, coupée en morceaux
2 cuil. à soupe de houmous
1 cuil. à café de graines de lin, grillées
Du persil frais et 1 filet d'huile d'olive vierge extra de première pression à froid

VARIANTE OMNIVORE
Ajoutez 30 g de jambon de Parme ou de bresaola.

VÉGÉTARIEN
SANS GLUTEN

Grenade, courge butternut, riz noir et yaourt

INGRÉDIENTS

40 g de riz noir, cuit
50 g de dés de courge butternut, rôtis au four
Les grains de ½ grenade
2 cuil. à soupe de yaourt nature
1 cuil. à café de pignons
1 filet d'huile d'olive vierge extra de première pression à froid

VARIANTE
VEGAN
Remplacez le yaourt par des pois chiches en boîte.

OMNIVORE
SANS GLUTEN

Courge butternut, olives, amarante et jambon fumé

INGRÉDIENTS

50 g d'amarante, cuite
50 g de dés de courge butternut, rôtis au four
1 poignée d'olives de Kalamata, dénoyautées et coupées en deux
30 g de jambon fumé, émietté
1 poignée de menthe fraîche
1 filet d'huile d'olive vierge extra de première pression à froid

VARIANTE PESCO-VÉGÉTARIENNE

Remplacez le jambon fumé par du maquereau fumé.

VEGAN

Tomates, champignons, pain de seigle et haricots blancs

INGRÉDIENTS

1 poignée de tomates cerises, poêlées
50 g de champignons de Paris, émincés et sautés
50 g de haricots blancs cuits
1 tranche de pain de seigle ou complet, coupée en morceaux
1 poignée de persil frais
1 filet d'huile d'olive vierge extra de première pression à froid

VARIANTE VÉGÉTARIENNE
Ajoutez 30 g de mozzarella ou 1 œuf dur.

VEGAN
SANS GLUTEN

Olives, avocat, quinoa et graines de chanvre

INGRÉDIENTS

40 g de quinoa rouge, cuit
½ avocat, coupé en dés
1 poignée d'olives noires, dénoyautées
1 cuil. à soupe de graines de chanvre décortiquées
1 poignée de coriandre fraîche
1 filet d'huile d'olive vierge extra de première pression à froid

VARIANTE VÉGÉTARIENNE

Ajoutez 2 cuil. à soupe de ricotta ou de cottage cheese.

VÉGÉTARIEN
SANS GLUTEN

Poivron, avocat, quinoa et omelette

INGRÉDIENTS

40 g de quinoa noir, cuit
1 poivron rouge, coupé en lanières et rôti au four
½ avocat, coupé en dés
1 petite omelette
1 poignée d'estragon frais
1 filet d'huile d'olive vierge extra de première pression à froid

VARIANTE OMNIVORE

Ajoutez 30 g de jambon fumé ou de poulet rôti.

Index

* Les pages suivies d'un astérisque renvoient à des ingrédients proposés dans les variantes.

A

Abricot 19, 29, 35, 42, 49, 51, 53, 64, 68, 139
Algues 149, 172
Amandes 39, 41, 50, 78*, 83, 134
  lait d'amande 26*, 40*, 42, 46, 51, 55, 88, 91, 100*, 118*
  purée d'amande 62
Amarante 150, 166, 184
  porridge d'amarante à l'eau 52*
Ananas 19, 29, 38, 60, 63, 116, 119, 127
Aneth 23
Assaisonnements 11, 24-25
Aubergine 143, 146, 147, 151, 168, 169
Avocat 27, 92, 99, 129, 142, 145, 146, 148, 149, 153, 156, 167, 171, 175, 176, 180, 186, 187
Avoine
  crème d'avoine 86*, 97*, 109*, 112, 113*, 128
  lait d'avoine 87*
  voir aussi flocons d'avoine

B

Bacon 154*, 157*, 180*
Baies de goji *voir* Goji
Banane 26, 39, 40, 43, 58, 63*, 89, 93, 98, 101, 102, 106, 107, 117, 119, 121, 125
Basilic 23, 134, 159, 166, 173, 178
Bresaola 52*, 176, 182*

C

Cabillaud 150*
Cacahuètes 94, 94*
Cacao
  cacao en poudre 25, 27, 29*
  grué de cacao 69
Cannelle 25, 29*, 72, 88, 96, 105
Capucine (fleur) 139, 157
Cardamome 25
Carotte 150, 153, 154, 159
Cassis 45, 54, 55, 57, 62, 139
Céréales 11, 16-19, 36
  flocons de céréale sans gluten 36, 46, 51, 63, 74, 80, 99
Cerfeuil 164
Cerises 37, 39, 47, 48, 50, 51
Champignons
  champignons de Paris 152, 157, 166, 185
  pleurotes 173, 175
  shiitakés 171
Chanvre (graines) 37, 46, 53, 55, 62, 69, 71, 72, 87, 89, 91, 106, 112, 119*, 126, 156, 186
  crème aigre de chanvre 60
Chia (graines) 34, 51, 64, 77, 78, 81, 88, 92, 95, 97, 104, 107, 116, 118, 122, 129, 140
Chocolat cru 89
Chorizo 75*, 143*, 153*, 168*, 178*
Ciboulette 23
Citron 25, 26, 27, 29, 43, 58, 60, 63*, 93, 106, 107, 119, 125, 153
Clémentine 45
Concombre 149, 159, 160, 162, 164, 165, 172, 182
Coppa 52*, 133*, 137*, 144
Coriandre 23, 94, 146, 148, 156, 180, 186
Corn flakes 40, 55, 58, 65, 67, 73, 81, 86, 107, 123, 125
Courge (graines) 19, 38, 60, 66, 75, 85, 110
Courge butternut 163, 170, 173, 179, 183, 184
Courgette 143, 152, 155, 156, 157, 158, 163, 177
Couscous 49, 61, 110, 115, 136, 139
Crème
  crème fouettée 126*
  crème fraîche 43*, 62*, 68*, 70*, 72*, 76*, 90*, 95*, 116*, 117*
  crème légère 48*, 50*, 73*, 81*, 126*
Crème aigre de chanvre 60
« Crème » d'amandes 29, 38*, 45*, 50, 66, 73, 77, 86*, 89*, 99, 112*, 161
Crème d'avoine 86*, 97*, 109*, 112, 113*, 128
« Crème » de noix de cajou 29, 53, 56*, 67*, 124*, 134*, 145*
Crème de soja 97*, 109*, 112, 113*, 128
Crevettes 146*, 148, 158*
Croûtons 162
CRU 34-35, 36, 41, 43, 44, 62, 68, 70, 72, 75, 78, 83, 87, 90, 96, 106, 108, 116, 122, 156
Curcuma 25, 26, 27, 95

D

Dattes 19, 23
Dulse (algues) 149

E

Edamame 175*
Estragon 23, 77, 187
Extrait de vanille 29*

F

Feta 59*, 143, 159, 162*, 172*, 177*, 178, 179
Figues 29, 67, 82, 85, 87, 134, 135, 137, 161
Flocons d'avoine 19, 25, 112*
  flocons d'avoine au lait 16, 85*
  flocons d'avoine au lait d'amande 16, 18, 34*, 35, 44, 57*, 59, 62, 66*, 72, 75, 96, 116, 122, 140*
  flocons d'avoine trempés dans la « crème » d'amande 77, 87
  flocons d'avoine trempés dans de l'eau 16
  flocons d'avoine trempés dans le jus de pomme 41, 68, 69, 70, 78, 85, 100, 111*
  flocons d'avoine trempés dans le jus d'orange 83, 107*, 108, 114*, 126

flocons d'avoine trempés dans le lait de coco 47, 94*, 118*
flocons d'avoine trempés dans le yaourt nature 53, 89, 100, 109, 127
Flocons de céréale 56
flocons de céréale sans gluten 36, 46, 51, 63, 74, 80, 99
flocons de son 45, 48, 59, 64, 76, 77, 82, 84, 92, 97, 104, 112, 128, 129
voir aussi Flocons d'avoine
Fraises 29, 34, 36, 38, 40, 41, 43, 44, 46, 47, 49, 65, 67
yaourt à la fraise 36*
Framboises 42, 50, 52, 54, 56, 58, 74, 75, 82, 98, 138, 141
yaourt à la framboise 98*
Fromage
bleu d'Auvergne 133
cottage cheese 54*, 82*, 138, 139*, 155*, 186*
faisselle 138, 139*
feta 59*, 143, 159, 162*, 172*, 177*, 178, 179
fromage de chèvre 42*, 54*, 96*, 104*, 132, 134, 135*, 137, 142*, 144*, 145, 150, 161*, 163*
fromage frais 138, 139
manchego 142*, 170, 181*
mozzarella 166*, 185*
ossau-iraty 142*, 170, 181*
pecorino 169
ricotta 42*, 54*, 135*, 136, 140, 141, 155*, 163*, 166*, 174, 186*
roquefort 133
stilton 133
Fruits 11, 12-13
voir aussi chaque fruit
Fruits à coque
voir aussi chaque fruit à coque
Fruit de la passion 36, 112, 117, 121, 125, 129
Fruits secs 23

G

Gingembre 25, 26, 27, 29*, 70, 85, 91, 94, 109, 118, 126, 127
Gluten
flocons de céréale sans gluten 36, 46, 51, 63, 74, 80, 99
voir aussi SANS GLUTEN
Goji (baies) 19, 45, 93, 103, 108, 111, 118, 128
Graines 11, 19
graines de chanvre 37, 46, 53, 55, 62, 69, 71, 72, 87, 89, 91, 106, 112, 119*, 126, 156, 186
graines de chia 34, 51, 64, 77, 78, 81, 88, 92, 95, 97, 104, 107, 116, 118, 122, 129, 140
graines de courge 19, 38, 60, 66, 75, 85, 110
graines de lin 68, 111, 139, 160, 182
graines de pavot 34, 56, 65, 100, 109, 125, 159, 172
graines de tournesol 19, 102
Granola 16, 19, 86, 101
granola au riz soufflé 66
Grenade (grains) 77, 79, 86, 87, 101, 110, 113, 115, 116, 120, 140, 142, 147, 166, 183
Grué de cacao 69

H

Halloumi 154, 162*, 165, 167*, 172*, 177*
Haricots
haricots blancs 185
haricots cornille 152, 177
haricots verts 155, 167, 169, 170, 171, 174, 181
Herbes 23
Houmous 152*, 159*, 182
Huile
huile de colza 132, 135, 136, 137, 138, 139, 141, 148
huile de sésame grillé 147
huile d'olive 152, 155, 156, 158, 162, 163, 165, 166, 167, 168, 169, 170, 172, 173, 175, 176, 177, 178, 179, 181, 182, 183, 184, 185, 186, 187

J

Jambon
jambon cru 133*
jambon de Parme 49*, 71*, 132*, 135, 137*, 144, 156*, 182*
jambon fumé 49*, 75*, 143*, 156*, 164, 168*, 184, 187*
jambon serrano 137*

K

Kaki 75, 105, 122
Kiwi 41, 55, 66, 92, 93, 97, 102, 103, 111, 112, 113, 118

L

Labneh 147*
Lait 16, 39*, 40, 44*, 46*, 50*, 55*, 84, 85*, 91*, 105
lait d'amande 16, 18, 26*, 34*, 35, 40*, 42, 44, 46, 51, 55, 57*, 59, 62, 66*, 72, 75, 88, 91, 96, 100*, 116, 118*, 122, 140*
lait d'avoine 87*
lait de coco 26*, 38*, 47, 84*, 87*, 94*, 95, 105*, 118, 118*, 146
lait de riz 37
lait de soja 87*
Lardons 152, 154*, 167, 180*
Lavande 29*
Légumes 11, 12, 14-15
voir aussi chaque légume
Lentilles 147, 163, 169*
Lin (graines) 68, 111, 139, 160, 182
Litchis 118, 123, 126, 127

M

Mangue 19, 29, 56, 104, 124, 125, 128
Maquereau 162, 177, 184*
Melon
melon cantaloup 62, 132
melon galia 65, 70, 78, 86, 135
melon jaune 86, 132, 135
Menthe 23, 38, 49, 69, 78, 79, 90, 92, 98, 104, 107, 110, 111, 114, 116, 117, 123, 126, 127, 132, 150, 155, 157, 160, 161, 163, 165, 179, 184

Miel 27, 29, 29*, 108, 122
Millet 163
Mozzarella 166*, 185*
Muesli 103
Mûres 78, 83, 84, 134, 138, 144
Myrtilles 29, 35, 46, 59, 63, 68, 71, 76, 145, 160, 161

N

Nectarine 29, 37, 43, 52, 53, 84
nectarine blanche 137
Noisettes 19, 40, 43, 70, 73, 96, 123, 161
Noix 19, 45, 84, 105, 113, 114, 127, 133, 136, 137, 138, 181
Noix de cajou 19, 29, 36, 42, 57, 76, 117, 121, 141, 148*
« crème » de noix de cajou 29, 53, 56*, 67*, 124*, 134*, 145*
« yaourt » de noix de cajou 29, 36, 57, 64, 65, 74, 80*, 81, 83, 98, 101*, 103*, 110*, 127*, 136*, 140*, 160*
Noix de coco
chair de noix de coco 88, 89, 91, 93, 94, 119, 128
copeaux de noix de coco 19, 85, 102, 125, 129
lait de coco 26*, 38*, 47, 84*, 87*, 94*, 95, 105*, 118, 118*, 146
yaourt au lait de coco 29, 45*, 56*, 57, 61*, 79, 88*, 92*, 95, 102, 106*, 110*, 113*, 122*, 129*, 138*, 139*, 141*
Nori (algues) 172

O

Œuf 149*, 157, 171, 173, 173*, 175, 185*
Oignons blancs 157, 158
Olives noires 150, 162, 176, 177, 178, 184, 186
OMNIVORE 135, 144, 152, 164, 167, 176, 184
Orange 18*, 26*, 27*, 90, 95, 103, 114, 115
flocons d'avoine trempés dans le jus d'orange 83, 107*, 108, 114*, 126
orange sanguine 91, 126, 148
zeste d'orange 122
Orge perlé 143, 158, 181
Origan 23

P

Pain
pain au levain 134, 137
pain aux céréales 174
pain complet 160, 167, 185
pain de seigle 54, 57, 82*, 98, 113, 120, 133, 134, 135, 138, 144, 145, 155, 159, 160, 161, 164, 165, 167, 176, 182
Pamplemousse 26*, 98, 108
pamplemousse blanc 61
pamplemousse rose 48, 97, 99, 104, 106 107, 122, 133, 136, 144
Papaye 57, 60, 61, 69, 71, 94, 120
Pastèque 59, 64, 66, 70, 72, 76, 81, 90
Pavot (graines) 34, 56, 65, 100, 109, 125, 159, 172
Pensée (fleur) 99, 107, 140
Persil 23, 143, 152, 153, 162, 168, 177, 182, 185
PESCO-VÉGÉTARIEN 148, 149, 153, 162, 172, 177
Pétales de rose séchés 61, 98
Physalis 73, 80, 100, 136
Pignons 47, 49, 144, 155, 174, 183
Piment 25, 146
Pissenlit (fleur) 160
Pistaches 44, 48, 54, 58, 59, 61, 63, 67, 74, 80, 90, 99, 115, 119, 150, 151
« yaourt » de pistaches 90
Pleurotes 173, 175
Poire 44, 100, 108, 109, 111, 114, 123, 133, 140
Pois chiches 159*, 165*, 166, 168, 169*, 174*, 175*, 179*, 183*
Poisson
cabillaud 150*
maquereau 162, 177, 184*
sardines 153
saumon fumé 149, 176*
thon 172
truite 150*
Poivron
poivron jaune 151, 178
poivron rouge 151, 154, 158, 172, 178, 179, 181, 182, 187
poivron vert 154
Pollen 23, 61, 88, 92, 101, 103, 109, 120, 121
Pomme 18*, 27*, 34, 41, 58, 73, 85, 88, 92, 95, 96, 105, 106, 110, 121, 124
Porridge
porridge à l'eau 140
porridge au lait 105
porridge au lait d'amande 88, 91
porridge au lait de coco 95, 118, 146
porridge au lait de riz 37
porridge de sarrasin à l'eau et à l'huile de coco 71
porridge de sarrasin au lait d'amande 39
Poulet 146*, 151*, 153*, 170*, 171*, 178*, 187*
Protéines 11, 20-21
Prune 69, 74, 77, 80, 81, 83, 107, 109, 132
Pruneau 115
Purée d'amande 62
Purée d'oléagineux 145*

Q

Quinoa 50, 60, 79, 85, 93, 102, 119, 129, 141, 142, 169, 178
porridge de quinoa à l'eau 69, 94
porridge de quinoa au lait d'amande 42
quinoa grillé 79, 85, 102, 119, 129
quinoa noir 111, 117, 124, 187
quinoa rouge 179, 186

R

Raisin noir 72, 79, 96, 141
Raisins secs 19

Remerciements

Je remercie ma femme et mon fils qui rendent ma vie si belle. Je remercie également mon père, ma tante et mon oncle qui me soutiennent en toutes circonstances ; ils sont formidables !

Je remercie aussi Pesaro et Mirandola qui me témoignent tant d'affection et me traitent comme leur fils : ils sont ma seconde famille.

Je remercie tous mes amis, qui m'apportent leur soutien dans la vie et me suivent assidûment sur les réseaux sociaux ; ils portent ma parole.

Je remercie tous ceux qui me donnent leur affection et m'encouragent à poursuivre mon travail.

Ricotta 42*, 54*, 135*, 136, 140, 141, 155*, 163*, 166*, 174, 186*
Riz
granola au riz soufflé 66
lait de riz 37
porridge de riz à l'eau 149
riz blanc 180
riz brun 147, 148, 151, 172
riz noir 154, 171, 183
Romarin 23

S

SANS GLUTEN 34, 36, 38, 39, 42, 43, 46, 50, 51, 52, 60, 63, 66, 69, 71, 74, 79, 80, 90, 93, 94, 99, 102, 106, 111, 114, 117, 119, 121, 124, 132, 141, 142, 147, 148, 149, 150, 151, 152, 153, 154, 156, 157, 163, 166, 168, 169, 170, 171, 172, 173, 175, 177, 178, 179, 180, 183, 184, 186, 187
Sardines 153
Sarrasin 38, 114, 132, 153, 157, 170, 173, 175
porridge de sarrasin à l'eau et à l'huile de coco 71
porridge de sarrasin au lait d'amande 39
Sauge 23
Saumon fumé 149, 176*
Seigle (pain) 54, 57, 82*, 98, 113, 120, 133, 134, 135, 138, 144, 145, 155, 159, 160, 161, 164, 165, 167, 176, 182
Sésame
graines de sésame blanc 35, 142, 147, 149, 152*, 165, 168, 171, 173
graines de sésame noir 50, 52, 108, 114, 142, 146, 153, 158, 164, 175
huile de sésame grillé 147
Shiitakés 171
Soja
crème de soja 97*, 109*, 112, 113*, 128
lait de soja 87*
Son
flocons de son 45, 48, 59, 64, 76, 77, 82, 84, 92, 97, 104, 112, 128, 129
Souci (fleur) 49, 142, 181

T

Thon 172
Thym 23
Tofu 174*
Tomates
tomates cerises 153, 156, 165, 168, 174, 176, 180, 185
tomates séchées 164
Toppings 11, 22-23
Tournesol (graines) 19, 102
Truite 150*

V

Vanille (extrait) 29*
VARIANTE OMNIVORE 137, 143, 146, 151, 153, 154, 156, 157, 168, 170, 171, 178, 180, 182, 187
VARIANTE OMNIVORE SALÉE 49, 52, 71, 75, 133
VARIANTE PESCO-VÉGÉTARIENNE 150, 158, 176, 184
VARIANTE CRUE 53, 57, 66, 69, 77, 89, 94, 107, 111, 112, 114, 118, 119, 127, 140
VARIANTE VEGAN 37, 38, 40, 45, 50, 51, 56, 58, 60, 61, 62, 63, 64, 67, 68, 73, 74, 78, 80, 81, 83, 84, 86, 87, 88, 92, 93, 97, 100, 101, 105, 106, 109, 110, 113, 120, 121, 122, 123, 124, 125, 129, 134, 136, 139, 148, 149, 152, 155, 159, 160, 162, 163, 164, 165, 166, 167, 169, 173, 174, 175, 179, 181, 183
VARIANTE VEGAN SUCRÉE 138, 141, 145
VARIANTE VÉGÉTARIENNE 34, 36, 39, 41, 43, 44, 46, 47, 48, 55, 65, 70, 72, 76, 79, 85, 90, 91, 95, 96, 98, 99, 102, 104, 108, 115, 116, 117, 126, 128, 135, 142, 144, 147, 161, 172, 177, 185, 186
VARIANTE VÉGÉTARIENNE SALÉE 35, 42, 54, 59, 82
VEGAN 39, 42, 46, 47, 48, 49, 51, 52, 55, 57, 58, 59, 60, 65, 66, 69, 71, 73, 76, 77, 79, 81, 85, 91, 93, 94, 95, 98, 99, 102, 104, 107, 111, 112, 114, 115, 117, 118, 119, 123, 125, 126, 128, 142, 146, 147, 155, 158, 161, 163, 166, 168, 173, 181, 182, 185, 186
VEGAN CRU 34, 35, 36, 41, 43, 44, 62, 68, 70, 72, 75, 83, 90, 96, 116, 156
VÉGÉTARIEN 37, 38, 40, 45, 53, 54, 56, 61, 63, 64, 67, 74, 80, 82, 84, 86, 88, 89, 92, 97, 100, 101, 105, 109, 110, 113, 120, 121, 124, 127, 129, 132, 133, 134, 136, 137, 138, 139, 140, 141, 143, 145, 150, 151, 154, 157, 159, 160, 165, 169, 170, 171, 174, 175, 178, 179, 180, 183, 187
Violette (fleur) 44, 67, 73, 86

Y

Yaourt
yaourt à la fraise 36*
yaourt à la framboise 98*
yaourt à la grecque 147*
yaourt au lait de coco 29, 45*, 56*, 57, 61*, 79, 88*, 92*, 95, 102, 106*, 110*, 113*, 122*, 129*, 138*, 139*, 141*
yaourt nature 18*, 28, 37, 41*, 45, 46*, 47*, 48*, 51*, 53, 54, 56, 58*, 60*, 63, 65*, 67, 74, 79*, 80, 82, 83*, 86, 89, 93*, 97, 99*, 100, 101, 102*, 103, 104*, 108*, 109, 109*, 110, 113, 115*, 120, 124, 125*, 127, 128*, 129, 151, 160, 166, 183
« Yaourt » de fruits à coque 29
« Yaourt » de noix de cajou 29, 36, 57, 64, 65, 74, 80*, 81, 83, 98, 101*, 103*, 110*, 127*, 136*, 140*, 160*
« Yaourt » de pistaches 90